GTB
Gütersloher Taschenbücher
1127

Herbert Vinçon
geboren 1938, ist seit 1988 Pfarrer
an der Albert-Schweitzer-Kirche in Tübingen.

Herbert Vinçon

Die Feste des Christentums

Woher sie kommen – wie sie gefeiert werden

Gütersloher Verlagshaus

Originalausgabe

Die Deutsche Bibliothek – CIP-Einheitaufnahme

Vinçon, Herbert:
Die Feste des Christentums: woher sie kommen – wie sie
gefeiert werden / Herbert Vinçon. – 2. Aufl. –
Gütersloh: Gütersloher Verl.-Haus, 1998
(Gütersloher Taschenbücher; 1127)
ISBN 3-579-01127-8
NE: GT

ISBN 3-579-01127-8
2. Auflage, 1998

Umschlaggestaltung: Init, Bielefeld,
unter Verwendung des Bildes »Der Lebenskreis« von Hildegard von Bingen (um 1200) aus: Codex Latinum 1942, © der Vorlage SCALA, Florenz.
Satz: Weserdruckerei Rolf Oesselmann GmbH, Stolzenau
Druck und Bindung: Clausen & Bosse, Leck
Gedruckt auf chlorfrei gebleichtem Werkdruckpapier
Printed in Germany

Inhalt

Die Trinitatiszeit

Einführung

Feste unterbrechen unseren Alltag auf angenehme Weise. Wir genießen zunächst einmal, daß wir nicht arbeiten müssen. Aber Feste bedeuten weit mehr als nur Freizeit: In ihnen kommen Sinndeutungen zum Vorschein, Geschehnisse werden erinnert und dargestellt, die für eine Kultur grundlegend sind. Eine Kultur ohne Feste ist unvorstellbar. Der Arbeitsrhythmus wäre das einzige Maß aller Dinge.
Die Religion ist in jeder Gesellschaft eine wichtige Spenderin der Feste. Die religiösen Feste beziehen die Existenz jedes einzelnen Menschen auf etwas Gemeinsames.
Der einzelne kann in den Festen sein eigenes Dasein, seinen persönlichen Weg spiegeln, konzentriert auf einen Gang durch das Jahr. Die zyklische Wiederholung schafft feste Bezugspunkte in den Lebensphasen von der Kindheit bis zum Alter.
Feste sind immer »live«. Sie haben zwar eine lange Tradition, ihre festgelegten Zeitpunkte, ihre Themen, ihre Gestaltungsformen und ihr Brauchtum, aber sie müssen und können doch jedes Jahr neu inszeniert werden. Der einzelne, die Familie, die Gemeinde können dabei ihren Stil entwickeln. Eigentlich sind Feste großartige Kunstwerke, die durch das Leben, die Erfahrungen, die Ideen vieler Generationen geformt sind. Sie entstehen jährlich neu, indem sie gefeiert werden.
Das christliche Kirchenjahr beginnt – anders als das Kalenderjahr – mit dem 1. Advent und endet mit dem Ewigkeitssonntag (Totensonntag).
Es läßt sich grob einteilen in drei Hauptabschnitte:

- den Weihnachtsfestkreis
- den Osterfestkreis und
- die Trinitatiszeit, die weniger reich an Festen ist als die beiden ersten Abschnitte.

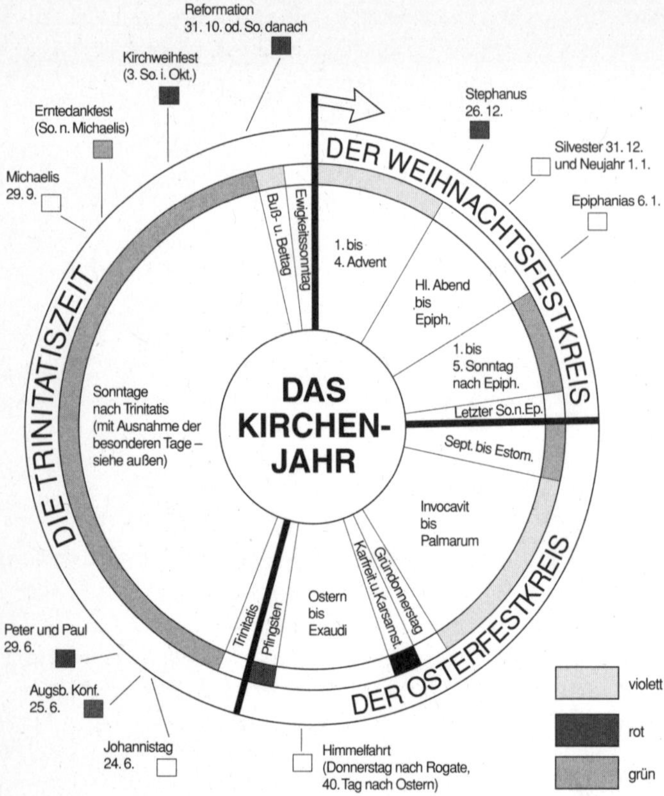

Einen sichtbaren »Kalender« stellen dabei die liturgischen Farben dar: Als farbige Symbole schmücken sie die Tücher an Altar und Kanzel (die sog. Antependien) und in der katholischen Kirche auch die Kleidung des Priesters sowie das Tuch über dem Kelch bei der Eucharistiefeier. Die fünf Farben signalisieren verschiedene Botschaften:

- *Weiß* steht für alle Christusfeste (z.B. Weihnachten, Epiphanias, Ostern, Trinitatis), es symbolisiert den Glanz Gottes und die Herrlichkeit Christi. Es ist die Farbe der Reinheit, der Vollkommenheit und der Freude.

- *Rot* gilt als Farbe des Feuers und des Heiligen Geistes; es wird daher an Pfingsten als dem Geburtstag der Kirche und an allen anderen Festen der Kirche eingesetzt (Reformationstag, Kirchweih, Konfirmation und Ordination).
- *Grün* erscheint in der festlosen Zeit und in der Vorpassionszeit als Zeichen der Saat und der Hoffnung. Denn das ist die Grundhaltung, die das Leben jedes Christen prägen soll.
- *Violett* als Farbe der Buße und Besinnung symbolisiert auch die Sehnsucht nach Licht und neuem Leben. Daher sind alle sogenannten »Rüstzeiten« vor den großen Festen mit ihr geschmückt: die Adventszeit, die Passionszeit und die Bußtage.
- *Schwarz* ist das Zeichen der Finsternis und Trauer und wird daher oft am Karfreitag und am Totensonntag eingesetzt. Es ist jedoch keine liturgische Farbe im eigentlichen Sinn.

Die Reise durch das Kirchenjahr spiegelt so die existentiellen Prozesse menschlichen Lebens wider.

Dieses Buch faßt Themen, Brauchtum und Geschichte der Feste zusammen, aufgelockert und anschaulich illustriert durch literarische Texte zum Schmökern und besinnlichen Schwelgen.
Für das religiöse Leben sind die Feste wichtiger als die theoretischen, lehrhaften Darlegungen der Theologie. Sie gehen über die abstrakte Ebene hinaus und erlauben jedem Menschen auf ganzheitliche Weise, d.h. mit allen Sinnen und darüber hinaus in Gemeinschaft die Bedeutung des festlichen Anlasses zu erleben.

Der Weihnachtsfestkreis

Die Feier der Geburt Jesu Christi ist das Zentrum des Weihnachtsfestkreises. Diese Festzeit wird in drei Abschnitten begangen:

- in der vorbereitenden Adventszeit,
- in dem jüngeren, heute in der westlichen Christenheit vorherrschenden Weihnachtsfest vom 24. bis zum 26. Dezember und
- in dem älteren Fest der Erscheinung mit den von diesem geprägten nachfolgenden Sonntagen bis hin zur zehnten Woche vor dem Osterfest. Das Erscheinungsfest (Epiphanias) wird hauptsächlich von der orthodoxen Christenheit gefeiert.

Die Adventszeit

Die Adventszeit hat ihren Namen von dem lateinischen Wort »adventus«, zu deutsch: Ankunft. Dieser Begriff hat einen feierlichen und festlichen Klang, so als sei die Rede vom Einzug eines neu inthronisierten Königs in prächtiger Prozession oder vom Einzug eines Gottes in seinen Tempel. Die Erstmaligkeit, der Neuanfang, das »große Ereignis« ist damit angedeutet.
Unter den Jesus von Nazaret im Advent zugeschriebenen Titeln ist denn auch der Königstitel vorrangig. Aus dem Alten Testament werden dafür prophetische Worte angeführt wie z. B. »Du, Tochter Zion, freue dich sehr, und du, Tochter Jerusalem, jauchze! Siehe, dein König kommt zu dir, ein Gerechter und ein Helfer, arm und reitet auf einem Esel, auf einem Füllen der Eselin« (Sach 9,9).
Die Vorbereitung auf die Ankunft des Christus bezieht sich auf zweierlei Geschehen. Das erste ist seine Geburt. Sie wird verstanden und gefeiert als die Menschwerdung Gottes. Diese Geburt ist der Advent Gottes in seinem Heiligtum, das nach dem Wort des

adventlichen Psalms 24 – »Die Erde ist des Herrn und was darinnen ist, der Erdkreis und die darauf wohnen« – die ganze Erde ist. Insofern regt diese Festzeit zu einem Rückblick auf vergangenes Geschehen an. Zugleich lenkt sie den Blick in die Zukunft in der Erwartung, daß der mit der Geburt Jesu Christi begonnene Friede alle Finsternis überwinden und schließlich strahlend erscheinen wird.
Die Adventszeit beginnt mit dem vierten Sonntage vor Weihnachten. Mit dem ersten Adventssonntag fängt ein neues Kirchenjahr an. In der katholischen Kirche gehören Werktagsgottesdienste zur Gestaltung der Adventszeit hinzu, die oft noch vor Tagesanbruch gefeiert werden. Sie werden »Rorate« genannt nach dem lateinischen Wort »rorare« = tauen: »Tauet, ihr Himmel, von oben, ihr Wolken, regnet herab den Gerechten. Tu dich auf, o Erde, und sprosse den Heiland hervor.« Dies ist der Wortlaut des liturgischen Kehrverses für den Advent (Introitus-Antiphon).
In neuerer Zeit sind ökumenische Hausgebete zur adventlichen Andacht hinzugekommen.
Die Zeit des Advent ist vor allem eine Zeit der Erwartung, der Hoffnung und der Sehnsucht. Mit diesen Kräften beginnt der Zyklus aller christlichen Feste. Das Dasein jedes einzelnen Menschen beginnt damit, daß er erwartet wird. In jedem steckt eine starke Energie der Erwartung und der Hoffnung. Diese Energie bewegt uns durch unser ganzes Leben vom ersten Atemzug an.
Advent ist eine Zeit noch wachsender Dunkelheit. Immer noch werden die Tage kürzer und die Nächte länger. Dunkelheit ist ein Sinnbild für Leid und Angst, für jegliches Elend, das Menschen zu schaffen macht. Wo davor die Augen verschlossen werden, kann es keine die Welt verändernde Hoffnung geben. Deswegen gehört die Wahrnehmung des Elends, des Hungers, der Verletzung der Menschenrechte, der Obdachlosigkeit, des Flüchtlingsschicksals zu den Aufgaben und den Chancen dieser Zeit. Die Kirchen weisen folgerichtig in den Tagen des Advent mit ihren großen, weltweiten Hilfsaktionen »Brot für die Welt« und »Misereor/Adveniat« auf das Elend hin, angesichts dessen heute tatkräftige und intelligente Hoffnung herausgefordert ist.

Der christliche Festzyklus beginnt etwa einen Monat vor der Wintersonnenwende, also an einem dramatischen Wendepunkt der Natur. Käme dieser Wendepunkt nicht zustande, so wäre das Leben unweigerlich verloren. So ist genau diese Zeitspanne eine Periode der Hoffnung, die sich erfüllen wird, und das wachsende Licht der Sonne ist eine elementare Erfahrung der Hoffnung, seit Menschen bewußt ihre Situation auf der Erde wahrnehmen. Daß die christliche Religion die Zeit der Erwartung des Erlösers gerade in diese Jahreszeit plaziert hat, ist einsichtig.
Bereits im ersten Abschnitt des christlichen Festjahres wird erkennbar, daß Vorgänge in der Schöpfung, das Christusgeschehen und unser menschliches Dasein eng aufeinander bezogen und miteinander verbunden sind. Das Kirchenjahr ist ein Mikrokosmos existentieller Erfahrungen.

Geschichtliches

Erst aus der Zeit gegen Ende des 5. Jahrhunderts wissen wir mit Sicherheit davon, daß die Adventszeit begangen worden ist. Sie war ursprünglich auf das Erscheinungsfest, nicht wie jetzt auf Weihnachten, ausgerichtet. Zur Vorbereitung auf die Feier der Erscheinung Gottes in Christus wurde ein vierzigtägiges Fasten begangen. Begonnen wurde dieses am 11. November und erstreckte sich über 8 Wochen bis zum 6. Januar. In jeder Woche waren fünf Fastentage einzuhalten, denn die Samstage und Sonntage waren von dieser Fastenübung ausgenommen. Ende des 5. Jahrhunderts gab es zwischen dem 11. November und dem 25. Dezember je drei Fastentage pro Woche.
Die Fastenzeit als Vorbereitung auf das Erscheinungsfest (Epiphanias) ist darin begründet, daß dieses Fest nach Ostern ein zweiter wichtiger Tauftermin geworden ist. Zur Vorbereitung auf die Taufe gehörte die reinigende Fastenpflicht. Die jetzt von uns so genannte Adventszeit hat also ursprünglich nichts mit Weihnachten oder mit dem Beginn eines neuen Kirchenjahres zu tun, sondern war Zeit der Taufvorbereitung. Als Vorbereitungszeit auf das Fest der Ge-

burt Christi hat sich der Charakter der Zeit gewandelt. Allerdings kann man sagen, daß das Verständnis des Advent als Zeit der Buße und Umkehr die ursprüngliche Tradition der Fastenzeit durchaus beibehält und weiterführt.
Die Zahl der Adventssonntage war entsprechend der unterschiedlichen Dauer dieser Vorbereitungszeit verschieden. Von Rom aus setzte sich die Gewohnheit durch, vier Adventssonntage zu begehen.

Die biblischen Geschichten und Worte zum Advent

Die erste und grundlegende Geschichte für die Adventszeit wird am 1. Advent im Gottesdienst gelesen: die Erzählung vom Einzug Jesu in Jerusalem, die ursprünglich an den Anfang der Passionszeit gehört, dann aber einen sinnvollen Platz am Beginn des Advent erhalten hat. In vielen Adventsliedern wird sie besungen.
Einen zweiten Kreis von biblischen Texten zur Adventszeit bilden Prophetenworte der Erwartung des Messias und der Verheißung des zukünftigen Kommens Gottes, dazu die Aufrufe, dem kommenden Gott den Weg zu bereiten. Vor allem Abschnitte aus dem Propheten-Buch Jesaja prägen diese Zeit (Jes 35,3-10; 40,1-11; 52,7-10; 63,15ff.).
Zwei Erzählkreise aus den Evangelien kommen hinzu. Es sind die Erzählungen, die von Johannes dem Täufer handeln, der als Vorläufer und Vorbote des Christus angesehen wird (Mt 11,2-11). Die Kindheitserzählungen von Johannes (in Lk 1) und der Bericht von dem späteren Auftreten des Täufers als Bußprediger (in Lk 3), der besonders dem Bußcharakter der Adventszeit angemessen ist, werden ergänzt durch die überlieferungsgeschichtlich ebenfalls späten Kindheitserzählungen Jesu: der Ankündigung seiner Geburt durch den Engel Gabriel und den Lobgesang der Maria (in Lk 1).
Schließlich gehören noch Abschnitte aus den Evangelien zum Textbestand des Advent, die sich auf das zukünftige, endzeitliche Kommen Jesu Christi beziehen (Mt 24,1-14 und Lk 21,25-33).

Adventskranz

Das bekannteste und am meisten verbreitete Zeichen des Advent ist der Adventskranz, geflochten aus Tannenzweigen und geschmückt mit vier Kerzen. Dieser Brauch ist verhältnismäßig jung, hat aber große Verbreitung gefunden. Johann Hinrich Wichern erwähnt in seinem Jahresbericht 1843 aus dem Jugenddorf »Rauhes Haus« in Hamburg die täglichen Andachten, die dort gehalten wurden: »Auf dem Kronleuchter des Betsaals sind so viele Lichter aufgestellt, als es in dem Jahr Adventstage gibt, und mit jeder solchen kurzen Adventsandacht wird ein Licht mehr angezündet, so daß am ersten Tage nur ein Licht brennt, am zweiten aber zwei, am dritten drei usw. bis die Lichtkrone immer voller wird, immer glänzender strahlt, am letzten Tag vor Weihnachten mit so vielen Kerzen als wie Tage gefeiert sind und wir gewartet haben auf den Tag der Offenbarung seiner Herrlichkeit in der Menschwerdung.«
Aus diesem Anfang ist in unserem Jahrhundert nach dem ersten Weltkrieg in den Kreisen der evangelischen Jugendbewegung unser heutiger Brauch des Adventskranzes aus Tannenzweigen und mit vier Kerzen entsprechend der Zahl der Adventssonntage entstanden. Von Norddeutschland aus hat er sich im ganzen deutschen Sprachgebiet verbreitet. Der Kranz (corona) ist dabei ein Symbol der Krone Christi. Er stellt nach dem Wort Wicherns eine »Lichtkrone« dar. Die Tannenzweige des Adventskranzes lassen an den Christbaum denken, der am Weihnachtsfest die Stelle des Adventskranzes einnehmen wird. Die Symbolik hat sich dabei von der Krone zum Lebensbaum gewandelt.

Adventskalender und andere Bräuche

Bei Kindern sind jetzt Adventskalender sehr beliebt, auf denen sie an jedem Tag im Dezember eine Türe öffnen können, bis am 24. Dezember als dem Höhepunkt und Zielpunkt die Türe zum Stall

von Betlehem aufgeht. So erleben sie auf eine einfache Art den Sinn der Adventszeit, ihre Zielrichtung, die Erwartung, Geduld und Vorfreude.
Eine schöne sichtbare Gestaltung eines adventlichen Motives ist die Adventswurzel. Sie knüpft an eine wichtige neutestamentliche Überlieferung an, nach der Jesus von Nazaret »Sohn Davids« genannt wird. Dieser Titel bezieht sich auf seine genealogische Abstammung von König David. Der Stammbaum Jesu, mit dem das Matthäus-Evangelium beginnt, dokumentiert diese Überlieferung. Der Vater Davids heißt Isai (1 Sam 16,1); in der lateinischen Bibel wird er Jesse genannt. Daraus entstand die Rede von der »Wurzel Jesse«, die oft in Bildern dargestellt ist, aber auch in Liedern vorkommt, so in dem berühmten Weihnachtslied »Es ist ein Ros entsprungen aus einer Wurzel zart, wie uns die Alten sungen, von Jesse kam die Art«. Damit wird auf ein Wort aus dem Propheten Jesaja angespielt: »Es wird ein Reis hervorgehen aus dem Stamm Isais und ein Zweig aus seiner Wurzel Frucht bringen« (Jes 11,1). Zugleich haben wir hier ein Beispiel aus der mystischen Bildersprache, in welcher Jesus Christus als Rose dargestellt werden kann. Dem Sinnbild der Rose im Weihnachtsfest entspricht im Advent das Symbol der Wurzel. Aus diesem Zusammenhang wird ein adventlicher Brauch verständlich, im Wald eine Wurzel zu suchen und sie zu Hause oder in der Kirche aufzustellen und mit vier Adventskerzen zu schmücken.
Manche Adventsbräuche reichen in vorchristliche Zeit zurück, so die nächtlichen Lärmumzüge von vermummten Gestalten, den »Buttenmandl« im Berchtesgadener Land, den »Klausen« in der Schweiz und den »Strohschab« in der Obersteiermark. Sie sind wohl Nachfahren des »Wilden Heeres«, das in den winterlichen Nächten sein Unwesen treibt.
Die Zeit der Wintersonnenwende bildet den Beginn eines neuen Jahreszyklus. An dieser Stelle geht man mit der Frage um: «Was bringt die Zukunft?« Orakelbrauchtum wie z. B. das Bleigießen hat sich heute auf den Silvesterabend verschoben. Orakel und Losbrauch findet sich aber auch in den Tagen des Advent. Seit der Mitte des 15. Jahrhunderts sind die drei Donnerstage vor Weihnachten als »Klöpfelsnächte« nachweisbar. An Haustüren klopfen, Erbsen

an Fenster werfen und »Klopfan«-Verse vortragen ist gebräuchlich. In verchristlichter Form ist das Klöpfeln auf die Herbergssuche von Maria und Joseph in Betlehem übertragen und im sog. »Frautragen« nachgespielt worden. Dabei wird nachts ein Marienbild von einem Haus zum andern getragen, jeden Tag zu einer andern Familie. In die Tradition des Orakelbrauchtums gehören ebenfalls die Lostage, in welchen Wetterprophezeiungen aufgrund von Bauernregeln ermittelt werden. Zu den Lostagen gehören die Tage zwischen Weihnachten und Dreikönig.

Was mir der Advent bedeutet

»Als ich Kind war, begannen am ersten Adventsonntag die »Engel-Ämter«. Warum sie so hießen und nicht wie anderswo »Rorate-Ämter« (rorate coeli ...), das weiß ich nicht, aber das Wort Engel wob Geheimnis, und mir war die Anwesenheit von Engeln bei diesen frühen Gottesdiensten fühlbar. Die Messe begann um sechs. Um halb sechs weckte mich mein Vater. Die Mutter schlief weiter. Vater hatte schon Feuer gemacht im Küchenherd, die Buchenscheite krachten. Das Waschwasser war eiskalt. Frühstück gabs keines. Im Backrohr lagen faustgroße Kieselsteine, die wir, wenn sie heiß waren, in unsre Manteltaschen steckten, daran wärmten wir unsre Finger. In der großen Kirche (in Übersee am Chiemsee) wars bitter kalt, geheizte Kirchen gab es damals nicht. Vater, in Halbhandschuhen, spielte die Orgel. Wir sangen »Tauet, Himmel, den Gerechten, Wolken, regnet ihn herab«. Vor den hohen Spitzbogenfenstern war's Nacht, entweder Schneegewölk oder das Firmament eisklar mit dem blaufunkelnden Hundsstern, dem Winterstern, und wenn wir um halb sieben aus der Kirche kamen, begann die Morgendämmerung, und es war noch kälter als zuvor, und der Schnee knirschte, oder der schneelos gefrorene Boden klang hohl und hart unter unsern Tritten. Schweigend zerstreuten sich die frühen Beter, viele von ihnen hatten weite Wege zu den abliegenden Gehöften. »Bleib doch daheim«, sagte der Vater mehrmals, »mußt doch nicht jeden Tag in die Kirche gehen«, und die Mutter sagte: »Wirst dich schon noch erkälten, dann vergehts dir, das Kirchengehen so früh.« Ich habe mich, glaube ich, nie erkältet, und das frühe Kirchegehen verging mir nicht. Es war mir wichtig und teuer. Wie hätte ich mich auf Weihnachten freuen können, wenn ich nicht zuvor den Advent durchgehalten hätte? Zuerst das Warten in Kälte und Dunkel, und erst dann Wärme und Licht. Eins nicht ohne das andre. Warten war unerläßlich. Das Reis aus Davids Stamm wird nicht von selber blühen. Unsre Erwartung muß es herbeiziehen mit aller Kraft und Sehnsucht. Wie habe ich, ein nachdenkliches Kind, eigentlich Advent verstehen können als Zeit der Erwartung auf den Messias Jesus, da ich doch wußte, er war schon gekommen vor zweitausend Jahren? Natürlich wußte ich, daß »am Ende der Zeiten« dieser Messias wiederkommen würde, aber das lag weit weg, das meinte ich nicht mit Advent-Erwartung. Ich meinte viel näher Liegendes. Mein frühes Aufstehen und Frieren bedeutete für mich die Vorbereitung auf das Kommen des Messias zu MIR. Als ich einige Jahre später bei einem der deutschen Mystiker las, Christus sei nicht geboren, wenn er nicht in unsern Herzen wieder und wieder geboren werde, verstand ich das sofort. DAS wars, was mir der Advent bedeutete.«

Luise Rinser

Besondere Tage in der Adventszeit

Heilige Barbara (4. Dezember)

Brauch des Gedenktages dieser Heiligen ist es, Zweige zu schneiden, die auf Weihnachten zum Blühen kommen sollen. Von Barbara wird berichtet, daß sie in den Verfolgungen unter Kaiser Maximinus Daja zu Beginn des 4. Jahrhunderts als Märtyrerin gestorben ist. Die Legende erzählt, daß ihr Vater sie in einen Turm eingesperrt habe, wo sie durch die Eucharistie auf wundersame Weise gestärkt und ernährt worden sei. Schließlich habe der Vater sie selbst dem Gericht ausgeliefert. Sie gehört zu den 14 Nothelfern und wird angerufen gegen plötzlichen Tod. Barbara ist die Patronin der Bergleute.

Barbaratag
4. Dezember

Kirschenzweige bringt ein Mädchen
Über kahle kalte Heide.
Dämmertag ist Nacht geworden,
Dörfchen blinkt wie Lichtgeschmeide.

Engelstimme singt vom Himmel:
Dunkle Reiser, seid erkoren,
Staubverweht sind lang die Blumen,

Feld und Garten eingefroren.
Ihr nur werdet grünend leben,
Wenn der Erde Pflanzen fehlen.
Heilige Nacht wird Blüten treiben,
Und ein Glück kommt in die Seelen.

Letztes Rot verlischt am Walde.
Ton in Lüften bebt entschwindend.
Über die verhüllte Heide
Haucht der Bergwind, Schnee verkündend.

Hans Carossa

Heiliger Nikolaus (6. Dezember)

Der heilige Nikolaus erfreut sich bei den Kindern großer Beliebtheit, solange er nicht erzieherisch mißbraucht und zu einer Drohfigur umfunktioniert wird. Die Legendentradition weist ihn vor allem als Helfer und Beschützer von Kindern und jungen Menschen aus.
Die Kinder stellen am Vorabend des 6. Dezember ihre Schuhe vor die Türe und freuen sich darauf, am nächsten Morgen allerhand kleine Geschenke und Überraschungen darin zu finden. Dieser kleine Brauch illustriert spielerisch den Grundzug der Nikolauslegenden.

Über die geschichtliche Gestalt des Nikolaus ist sehr wenig bekannt. Wahrscheinlich ist er zu Beginn des 4. Jahrhunderts Bischof von Myra in Lykien im südlichen Kleinasien gewesen. Das Wirken dieses Bischofs ist gesehen worden in der Tradition antiker Rettergestalten. So erweisen die von ihm erzählten Legenden den Bischof Nikolaus als Retter aus verschiedenen Gefahren und Nöten. Weil einer der Wunderberichte von der Rettung eines aus dem Schiff ins Meer gefallenen Kindes berichtet, haben die Seeleute ihn als ihren Schutzheiligen angenommen. Besonders in den Hafenstädten des nördlichen Europas sind ihm deswegen Kirchen geweiht worden. Bei uns ist der heilige Nikolaus als Patron der Kinder angesehen entsprechend seiner Legendentradition.
Die Verehrung dieses Heiligen war zuerst im Osten verbreitet. So wurde Nikolaus der Schutzheilige Russlands. Kaiser Justinian I. (527-565) hat ihm in Konstantinopel eine Kapelle geweiht und dadurch zur Ausbreitung seiner Verehrung viel beigetragen. Das Grab in Myra wurde ein vielbesuchter Wallfahrtsort. Im 11. Jahrhundert wurden die Gebeine des Nikolaus nach Bari in Unteritalien überführt. So nahm die Verehrung dieses Heiligen in ganz Europa großen Aufschwung.
Als Rettergestalt aus vielerlei Not steht dieser Heilige in einer besonderen Nähe zu Christus selbst. Dadurch ist er in der Adventszeit gewissermaßen ein Vorbote des Christkindes geworden, der den Kindern in der Vorweihnachtszeit Geschenke bringt.

Aus den Nikolaus-Legenden

Darnach ward ein großer Hunger in dem Lande, da Sankt Nikolaus Bischof war, und war keine Nahrung mehr weit und breit. Auf dieselbe Zeit ward Sankt Nikolaus gesagt, daß Schiffe mit Weizen wohl geladen in den Hafen eingelaufen wären. Da ging er hin und bat die Schiffleute, daß sie aus jeglichem Schiff nur hundert Maß Weizen wollten geben, die Hungernden zu retten. Antworteten die Schiffleute ›Vater, das trauen wir uns nicht zu tun, denn das Korn ist zu Alexandria gemessen, und also müssen wir es überantworten in die

Scheuern des Kaisers‹. Da sprach Sankt Nikolaus ›Tut, was ich euch sage, und ich schwöre euch bei der Kraft Gottes, daß ihr keine Minderung haben werdet an eurem Korn gegen des Kaises Kornmesser‹. Die Schiffleute erfüllten sein Gebot; und da sie vor die Diener des Kaisers kamen, hatten sie so viel Maß Kornes, als sie zu Alexandria eingenommen hatten. Da sagten sie das Wunder öffentlich und priesen den Herrn in seinem Knecht. Unterdes teilte Sankt Nikolaus das Korn unter das Volk nach eines jeden Bedürfnis, und von diesem wenigen Korn ward das ganze Land zwei Jahre gespeiset, und blieb noch genug zur Aussaat übrig.

Aus Jacobus de Voragine, Die Legenda aurea

Mariä Erwählung (8. Dezember)

Seit den Zeiten der alten Kirche wird Maria als die Mutter Gottes verehrt. Die kirchliche Lehre betonte, daß sich Maria von allen übrigen Menschen grundlegend unterscheidet. Die Kirchenlehrer Augustinus (354-430) und Pelagius (um 400) sind die ersten gewesen, die die absolute Sündlosigkeit Mariens behauptet haben. Am 8. Dezember 1854 hat Papst Pius IX. feierlich das Dogma verkündet: »Die Lehre, daß die seligste Jungfrau Maria im ersten Augenblick ihrer Empfängnis durch einzigartiges Gnadengeschenk und Vorrecht des allmächtigen Gottes im Hinblick auf die Verdienste Christi Jesu, des Erlösers des Menschengeschlechtes, von jedem Fehl der Erbsünde rein bewahrt blieb, ist von Gott geoffenbart und deshalb von allen Gläubigen fest und standhaft zu glauben.«

Das Fest »Mariä Erwählung« heißt daher auch »Hochfest der ohne Erbsünde empfangenen Jungfrau und Gottesmutter Maria«.

Um die Mitte des 12. Jahrhunderts ist das Fest entstanden als Folge einer Marienverehrung, die sich seit dem 7. Jahrhundert auch im Westen verstärkt ausgebreitet hat. Im 12. Jahrhundert stand sie in Blüte; das Rosenkranzgebet kam auf, die kirchliche Marienverehrung und der ritterliche Frauendienst förderten sich gegenseitig.

In der östlichen Kirche galt das Fest zunächst der heiligen Anna, der Mutter Mariens, und wurde »Empfängnis der heiligen Anna« genannt. Im Westen erhielt es den Charakter eines Marienfestes. Papst Sixtus IV. hat es 1476 als Fest der »Empfängnis der unbefleckten Jungfrau Maria« bestimmt. Zu Beginn des 18. Jahrhunderts wurde es für die ganze katholische Kirche verbindlich. Das Dogma der unbefleckten Empfängnis Mariens von 1854 hat dem Fest eine größere Bedeutung verliehen.

Das Weihnachtsfest

»Ze den wihen nachten« wurde diese Festzeit in der mittelhochdeutschen Sprache, also im 12. bis 14. Jahrhundert genannt. »Wihen« bedeutet »geweiht«, »heilig«. Heute noch spricht man von der »Heiligen Nacht« und dem »Heiligen Abend«, mit dem am 24. Dezember das Weihnachtsfest eröffnet wird. »Weihnachten« ist der volkstümliche Name dieses Festes. Im kirchlichen Sprachgebrauch wird es »Christfest« genannt (ev.), bzw. in feierlichem liturgischen Ton das »Hochfest der Geburt unseres Herrn Jesus Christus« (kath.), um den Sinn und Inhalt des Festes deutlicher herauszustellen.

Die Bezeichnungen »Weihnachten« und »Heilige Nacht« zeigen, wie hervorgehoben – »geheiligt« – die Bedeutung dieser Nacht ist. Ihre Besonderheit liegt – abgesehen von der präzisen kalendermäßigen Festlegung – darin begründet, daß sie die längste Nacht im Kreislauf des Sonnenjahres ist. Ein kritischer, ja als gefährlich und angsterregend empfundener Zeitpunkt. Sie ist der Wendepunkt zur aufsteigenden Sonne und hatte deswegen eine große religiöse Bedeutung bereits in vorchristlicher Zeit. Der Termin des Weihnachtsfestes hängt also vom Sonnenjahr ab. In vorchristlicher Zeit lag hier ein göttliches Siegesfest, an welchem der Sieg des Lichtes, des unbesiegbaren Lichtgottes, über die Macht der Finsternis, der Kälte und Leblosigkeit gefeiert wurde. Im Zeitalter der christlichen Religion hat Weihnachten den Platz dieses Festes eingenommen als das Fest der Geburt Jesu Christi.

Die große Zahl der Festbräuche und der Reichtum an Sinndeutungen bergen die Gefahr in sich, daß wir die christliche Bedeutung des Festes aus den Augen verlieren. Aus diesem Grunde ist es notwendig, die Weihnachtsgeschichte aus dem Lukas-Evangelium (Kap. 2) jederzeit als Grundlage im Auge zu behalten. Es beruht auf dem Glauben, daß Jesus von Nazaret der erwartete und verheißene Messias, der König des göttlichen Friedensreiches ist. Es stellt gleichzeitig eine Einladung dar, in seiner Nachfolge und mit ihm zusammen dem Frieden zu dienen. Martin Luther drückt dies in einem Liedvers aus, indem er sich der Lichtsymbolik bedient: »Das ewig' Licht geht da herein, gibt der Welt ein' neuen Schein; es leucht' wohl mitten in der Nacht und uns des Lichtes Kinder macht«. Die Theologie deutet dieses Geschehen als die Menschwerdung Gottes. Damit ist gesagt, daß Gott in unserer menschlichen Lebenswirklichkeit anwesend und erfahrbar ist. Das Fest erinnert an den Anfang und Ausgangspunkt dieses Geschehens.

Das göttliche Kind kann als Archetyp dieses Festes, als sein Ur-Bild bezeichnet werden. Jeder Mensch beginnt sein Dasein als neugeborenes Kind und ist selbst am Mysterium des Lebens beteiligt. Das neugeborene Kind ist die stärkste Begegnung mit dem Geheimnis und Wunder des Lebens, das die Christen von Gott, dem Schöpfer her erklären. Diese fundamentale Erfahrung ist zur Mitte des Festes geworden. Christus erscheint im Lukas-Evangelium zuerst als das göttliche Kind. Diese Konzeption hat das Kirchenjahr, der christliche Festkreis, übernommen.

Es fällt auf, daß die Gestalt des Kindes auch sonst in den Evangelien und frühen christlichen Schriften eine wesentliche Rolle spielt (Mk 10,13-16; Mt 18,1-5; 1 Petr 2,2).

Die Datierung des Festes auf die Wintersonnenwende ist sehr passend, weil der christliche Sinn des Festes mit diesem Zeitpunkt in unserer Naturwirklichkeit ausgezeichnet korrespondiert. Weihnachten ist ein Fest der Erneuerung, eines epochalen Neuanfangs. Es geht über den Naturbezug hinaus, feiert nicht nur den jährlichen Sieg der lebenspendenden Sonne, sondern legt Zeugnis ab von einer heilbringenden Erneuerung für die Geschichte von uns Menschen. Mit Jesus von Nazaret beginnt – nicht nur symbolisch – eine neue Zeitrechnung, denn das Ereignis der Geburt Christi wird beinahe weltweit als »Stunde Null« in der Menschheitsgeschichte gezählt (»vor Christus«/»nach Christus«).

Geschichtliches

Die Feier der Geburt Christi am 25. Dezember ist in der ersten Hälfte des 4. Jahrhunderts in Rom aufgekommen. Der 25. Dezember tritt als Datum des Geburtsfestes Christi an die Stelle des 6. Januar, des Epiphanias-Festes, an welchem zuerst in der Ostkirche das Fest begangen wurde.
Für die Festlegung des Datums auf den 25. Dezember war ausschlaggebend, daß in jener Zeit die christliche Kirche aus einer verfolgten religiösen Bewegung zur römischen Staatsreligion und Staatskirche geworden ist. Kaiser Konstantin der Große (306-337) begünstigte die Christen, bekannte sich selbst zu ihrem Glauben und verschaffte der Kirche mehr und mehr Freiraum für öffentliches Wirken, Auftreten und Gestalten. In diesem Zusammenhang wurde das Fest der Geburt Christi auf den 25. Dezember gelegt in der Absicht, einen Ersatz für die beliebten Feiern der Saturnalien vom 17. bis 24. Dezember und für die Feier der Brumalien, die dem siegreichen Sonnengott, dem Deus invictus Sol Mithras geweiht waren, zu schaffen. Das Fest der Geburt des Christus wurde aus diesem Grunde, abweichend von althergebrachter Tradition im Osten, auf den 25. Dezember vorverlegt. Die neue Festordnung fand rasch Eingang und Verbreitung. Das Epiphaniasfest wurde deswegen nicht abgeschafft. Es fand auch im Westen des Reiches Verbreitung.
Daß schon viel früher daran gedacht wurde, die Geburt Christi am 25. Dezember zu begehen, zeigen Überlegungen des Presbyters Hippolyt von Rom (geb. um 160). Er datierte die Inkarnation Christi, d.h. den Beginn seines Werdens als Mensch, auf den 25. März, den Tag der Weltschöpfung. Infolgedessen mußte die Geburt Christi neun Monate später, also genau am 25. Dezember erfolgt sein. Die Spuren des Überganges vom römischen Fest des unbesiegten Sonnengottes zum Fest der Geburt Christi erkennen wir noch heute

vor allem in den adventlichen und weihnachtlichen Liedern, in welchen Christus als Sonne und als Licht angesprochen und gepriesen wird: »O klare Sonn', du schöner Stern, dich wollten wir anschauen gern«; »Ach komm, ach komm, o Sonne, und hol uns allzumal zum ewgen Licht und Wonne in deinen Freudensaal«. »Ich lag in tiefster Todesnacht, du warest meine Sonne«.

Im ursprünglichen Sinne geht das Fest nicht auf eine idyllische, bürgerliche, harmonische Familienszene zurück. In diese Richtung hat sich die Kultur dieses Festes vor allem im 19. Jahrhundert entwickelt, was sich auch jetzt noch stark auswirkt. Das lukanische Weihnachts-Evangelium entwirft jedoch eine Gegenszene zur Pax Romana, dem römischen Frieden, der auf kaiserlicher Macht, auf seiner militärischen Stärke, die Ordnung und Sicherheit schafft, beruht. Jesus von Nazaret ist der Antagonist, der Gegenspieler des göttlichen Kaisers Augustus; er ist der Heiland der Armen. Dem antiken Leser ist sofort klar gewesen, daß hier ein Gegen-Entwurf gegen die römische Reichsideologie vorlag, also eine Geschichte von höchster politischer Brisanz.

Dies macht die Botschaft und das Fest gegen die Romantisierung und Verbürgerlichung im 19. Jahrhundert bedeutsam – im 20. Jahrhundert vor allem gegen die kommerzielle Überwucherung der modernen Welt, in der sich die Gegensätze zwischen armen und reichen Regionen und Bevölkerungsteilen vertieft haben. Folgerichtig haben deswegen die Kirchen gerade zum Weihnachtsfest Höhepunkte ihrer weltweiten Bemühungen um Frieden und Gerechtigkeit gesetzt. Es gibt kaum eine christliche Gemeinde, die in dieser Zeit nicht Aktionen und Projekte gegen Armut, Elend, Unrecht und Gewalt in der Welt unterstützt.

Die Weihnachtsgeschichte der Bibel

Mit dem Weihnachtsfest grundlegend verbunden ist die Erzählung von der Geburt Jesu in Betlehem (Lk 2,1-20). Aus dieser Überlieferung speist sich das Verständnis des Festes und ein beträchtlicher Teil des dazugehörigen Brauchtums.

Lukas berichtet, daß ein Befehl des Kaisers Augustus (63. v. Chr. bis 14. n. Chr.) die Registrierung sämtlicher Bürger des Reiches in Steuerlisten angeordnet hat. Aufgrund dieses Befehls haben sich Maria und Josef aus Nazaret nach Betlehem begeben, weil sie sich als Nachkommen des Königs David dort in die Listen eintragen lassen mußten. Bei diesem Aufenthalt in Betlehem wurde Jesus geboren; weil sonst kein Raum in der Herberge zu finden war, hat man das Kind in eine Futterkrippe gelegt in einem Stall. Die gute Botschaft, das Evangelium von dieser Geburt hat der Engel Gottes ausgerufen und zuerst Hirten auf dem Felde verkündigt: »Euch ist heute der Heiland geboren, welcher ist Christus, der Herr, in der Stadt Davids« (Lk 2,11). »Heiland« heißt auf griechisch »Soter«, ein Titel, der auch für den Kaiser als Wohltäter der Bürger seines Reiches gebräuchlich war. Der messianische Herrscher des Reiches Gottes ist erschienen, das Reich des Friedens ist auf Erden angebrochen. Die ersten, welche nach dem Bericht des Lukas dem Messias und Heiland huldigten, waren Arme und Randsiedler, gesellschaftlich gering geachtete Menschen.
Um dieses Geschehen als Erfüllung alter Prophezeiungen zu bezeugen, sind einige ebenfalls berühmte Texte aus den Prophetenbüchern des Alten Testaments mit dem Weihnachtsfest verbunden: die Verheißung der Geburt eines jüdischen Königs in Betlehem (Mi 5,1-4 und Jes 11,1-9). Aus dem 1. Kapitel des Matthäus-Evangeliums gehört der Stammbaum Jesu zum biblischen Textbestand des Weihnachtsfestes. Der Grundgedanke ist, daß Jesus von Nazaret als der messianische König aus dem Hause David zur Welt gekommen und mit ihm ein neuer Äon angebrochen ist.

Brauchtum

Entsprechend der großen Bedeutung und Volkstümlichkeit dieses Festes hat sich eine kaum noch zu überschauende Vielfalt an Gebräuchen und Gestaltungselementen entwickelt.

Solange der Weihnachtstag zugleich der Beginn eines neuen Jahres gewesen ist, faßten an diesem Termin auch Bräuche der Geselligkeit und des Orakels Fuß, die wir heutzutage an Silvester finden. So gab es Festgelage, Glücksspiele mit Würfeln und Karten, öffentliche Reigentänze und Maskenfeste. Die Reigentänze wurden in christianisierter Form als »Kindelwiegen« beibehalten. In der Kirche wurde das Christuskind in Gestalt einer Puppe vor dem Altar in eine Wiege gelegt und gewiegt. Dazu sang man passende Wiegenlieder. Der wiegende Rhythmus ist bei vielen dieser Lieder deutlich spürbar (»Josef, lieber Josef mein, hilf mir wiegen mein Kindelein«); ebenso die Innigkeit und Zärtlichkeit des Redens zu dem kleinen Kind (»Eia, eia«). Das Kindelwiegen wurde nicht im Rahmen der gottesdienstlichen Liturgie, sondern vor oder nach der Christmette durchgeführt.

Für die Umgestaltung des vorchristlichen Brauchtums waren vor allem die Weihnachtsspiele eine ausgezeichnete Möglichkeit. Sie entwickelten sich aus den biblischen Geschichten und aus der gottesdienstlichen Liturgie.

Ähnlich wie die Hirten in der Nacht zum Stall von Betlehem gingen, begaben sich die Menschen auf nächtlichen Wegen zur Feier der Christgeburt in die mit Lichtern geschmückte Kirche.

Nach dem Gottesdienst konnte man zu Hause auf dem Boden der Wohnstube auf »*Weihnachtsstroh*« schlafen. Dieser im Salzburger Land und im Burgenland verbreitete Brauch war eine Nachahmung des Details der Weihnachtsgeschichte, daß das Kind in die Krippe gebettet war: »Da liegt es, das Kindlein, auf Heu und auf Stroh«.

Die Krippenspiele knüpfen an die Weihnachtsgeschichte an. Meist wird das Erleben der Hirten dargestellt, das Erscheinen der Engel auf dem nächtlichen Feld, das Laufen zur Krippe, das Verehren und Beschenken des Kindes. Mit den Hirten konnte sich besonders die einfache Bevölkerung des Landes identifizieren. Spielszenen ergaben sich auch aus der Verkündigung des kaiserlichen Gebotes, der Reise Josefs und Marias nach Betlehem und der Herbergssuche. Aus der Überlieferung von der Geburt Christi im Matthäus-

Evangelium ergaben sich Spiele vom Besuch der Weisen aus dem Morgenlande beim König Herodes in Jerusalem und im Stall von Betlehem.
Ähnlich wie an vielen Kirchen die Darstellung Christi im Garten Getsemane zu sehen ist, hat man für Weihnachten bei den Kirchen den Stall von Betlehem aufgebaut. Dort lag das Christkind in der Krippe, Maria und Josef, Ochs und Esel erwarteten den Besuch der Hirten. Kindelwiegen und Lieder schmücken diese Szene aus.

Weihnachtskrippen

Die Weihnachtsgeschichte des Lukas-Evangeliums hat ungezählte Darstellungen auf Bildern und Altären gefunden. Die ältesten Abbildungen dieses Stoffes finden sich seltsamerweise in der Sarkophagplastik und zeigen das in Windeln gewickelte Jesuskind in einem geflochtenen Korb wie das aus Lebensgefahr gerettete Moseskind oder in der Krippe, dazu nur Ochs und Esel, als diejenigen, welche den Herrn kennen (Jes 1,3). Spätere Darstellungen fügen die Hirten als Vertreter der auf Erlösung wartenden Menschheit hinzu. Maria kommt erst im 4. Jahrhundert auf den Bildern der Geburt Christi vor, wenn es sich um eine Darstellung der Anbetung des Kindes durch die Weisen aus dem Morgenlande handelt. Im 5. Jahrhundert wird Josef in die Szenerie aufgenommen. Immer reichhaltiger wird das Bildwerk: Der Stall wird ausgeschmückt, ein anderer Bildtyp zeigt die Geburtshöhle. Gelegentlich ist sogar eine Hebamme mit dabei. Die Heiligen Drei Könige mit ihrem Gefolge. Dies alles illustriert die Weihnachtsgeschichte. So ergibt sich die Möglichkeit, die einzelnen Szenen abzubilden und sie zu verändern, so daß eine Art Figurentheater entsteht.
Die heute vor allem in katholischen Kirchen, aber auch in der häuslichen Umgebung zur Weihnachtszeit aufgebauten Krippen haben ihren Ursprung im 13. Jahrhundert. Es wird berichtet, daß Franziskus von Assisi im Jahre 1223 für die Feier der weihnachtlichen Mitternachtsmesse in Greccio in der Kirche die Grotte von Betlehem nachbilden ließ mit Krippe, Ochs und Esel. Dies fand großen

Anklang beim Kirchenvolk und hat die uns bekannte weltweite Verbreitung ausgelöst.
Die Wurzeln des Brauches liegen also im Gottesdienst. Dazu kam damals ein neuer Stil der Frömmigkeit, dessen Anliegen das Leben Jesu in seiner konkreten Gestalt, besonders in seiner Armut, gewesen ist.
Aus Italien kommend, wo Neapel ein Hauptort der Krippendarstellungen geworden war, gelangte der Brauch auch nach Deutschland. In der Michaelskirche in München wurde 1603 durch Jesuiten zum ersten Male eine Krippe aufgebaut. Solche Krippen sind über die Gottesdienste hinaus, wo sie die Gläubigen vor Augen haben können, ein wichtiges Mittel der Andacht und der Betrachtung des überlieferten Geschehens und seiner Sinndeutungen. Hauptsächlich verbreitet sind die Krippen im alpenländischen und süddeutschen Raum. Die Figuren sind aus Holz, aus Ton oder Wachs hergestellt, manchmal mit beweglichen Gliedern, auch prächtig gekleidet, besonders die in der Barockzeit geschaffenen. Großer Wert wird auf eine fantasievolle Gestaltung der Landschaft, des Stalles und seiner Umgebung, Betlehems und Jerusalems, gelegt. Oft ist das Geschehen in die heimische Umgebung verlegt. Außer der heiligen Familie mit Ochs und Esel, gehören Engel, vor allem die Hirten und schließlich die heiligen drei Könige mit ihrem Gefolge zu dieser Szenerie. Bei den größeren, in den Kirchen noch über die Epiphanias-Zeit aufgebauten Krippen finden sich außerdem die Darstellung des Jesuskindes im Tempel mit Simeon und Hanna, der Kindermord in Betlehem, die Flucht nach Ägypten und das Weinwunder auf der Hochzeit zu Kana.
»Ein gross Canzel ist die Krippen«, hieß es in der Barockzeit. Sie dient der Verkündigung und der Andacht. Ein Autor jener Zeit schrieb: »Ecce: Guck; Schau; Siehe; Lueg; unden und hinden; Rechts und Links; der Höhe nach; der Breit nach; Gegen Aufgang; Gegen Niedergang; Gegen Mitternacht; Nova omnia: Alles spilet neu ...« (Bonschab, P.J.: Das Heilige Kreutz zu Scheyern, 1756).
In gewissem Sinne kann man auch bei der Aufstellung der Krippenfiguren von einem Krippenspiel sprechen, weil die Szene immer wieder verändert werden kann. Besonders augenfällig ist an einem aus Ellwangen berichteten Beispiel der Spielcharakter zu

erkennen. Dort gab es in der Kirche den Brauch, vom sog. »Engelesboden aus« an Schnüren Engelfiguren auf das Hirtenfeld von Betlehem herabschweben zu lassen.

Der Weihnachtsbaum

Seit dem 19. Jahrhundert ist der Weihnachtsbaum ein beinahe weltweit verbreiteter Brauch geworden. In dieser Zeit hat sich der Weihnachtsbaum als Mittelpunkt der häuslichen Feier in der Familie eingebürgert. Auch die Kirchen werden damit geschmückt.

Die Entwicklung hin zu diesem Brauch hat sich über Jahrhunderte hinweg vollzogen. Der Weihnachtsbaum hat sozusagen einen Bruder im Maibaum und in den Birkenbäumen, die teilweise als Pfingstschmuck verwendet wurden.

Gegen Ende des 15. Jahrhunderts kritisierte Sebastian Brant, ein Dichter und Jurist, der als volkstümlicher Aufklärer wirkte, das Aufstecken von Tannenzweigen zu Weihnachten als Glücksbringer und bekämpfte diesen Brauch als Aberglauben. Er konnte sich mit seiner Ablehnung nicht durchsetzen. Vom Beginn des 16. Jahrhunderts an finden sich Belege für das Einholen von Winter- und Weihnachtsmaien. Entsprechend der Gepflogenheit, die Maibäume zu schmücken, wurde auch mit den Weihnachtsmaien verfahren. Die Bäume wurden geputzt und geschmückt, mit Früchten behängt, mit Oblaten, Lebkuchen, Zuckerwerk, buntem Papier- und Rauschgoldschmuck. Die vermögendere Bevölkerungsschicht konnte sich dies leisten. Berichte aus dem 16. Jahrhundert erzählen teilweise davon, daß die geschmückten Bäume nach der Festfeier den Kindern oder den Armen zum Plündern freigegeben wurden. Nach dem Dreißigjährigen Krieg, in der zweiten Hälfte des 17. Jahrhunderts, wurde der Weihnachtsbaum an den Höfen und in den Häusern der Oberschicht zum Mittelpunkt der Weihnachtsfeier in der Familie, breitete sich aber nach und nach in der ganzen Bevölkerung aus.

Der Christbaumschmuck wurde im Laufe der Zeit weniger nahrhaft, dafür um so dekorativer. Aus Nürnberg kamen seit dem Ende des 18. Jahrhunderts die Rauschgoldengel hinzu. Vergoldete oder

versilberte Nüsse, Kugelschnüre, Lametta und – ausgehend von Thüringen – Glaskugeln wurden gebräuchlich.
Daß der Baum reich ist an symbolischen Bezügen, liegt auf der Hand. Für das Weihnachtsfest ist er vor allem als Symbol des Lebens geeignet. In den ältesten Überlieferungen der Bibel, in der Paradies-Erzählung von 1 Mose 3, wird bereits vom »Baum des Lebens« gesprochen. Daß in das Verständnis des Weihnachtsfestes der Vorstellungskreis des Paradieses mit einbezogen ist, macht ein Liedvers deutlich, den Nikolaus Herman 1560 geschrieben hat: »Heut schließt er wieder auf die Tür zum schönen Paradeis; der Cherub steht nicht mehr dafür. Gott sei Lob, Ehr und Preis«.
Neuere, volkstümliche Weihnachtslieder stehen ebenfalls in der Tradition des Lebensbaum-Symbols: »O Tannenbaum, o Tannenbaum, du trägst ein' grünen Zweig!« Gott ist es, der ihn grünen läßt, groß und stark macht. Das Lied »O Tannenbaum, o Tannenbaum, wie grün sind deine Blätter« ist das erste Beispiel unter den Weihnachtsliedern, das den Baum als Sinnbild des unvergänglichen Lebens preist, weil er auch im Winter grünt. Gleichzeitig wird er als Symbol christlicher Tugenden, nämlich der Hoffnung und der Beständigkeit angesehen. Dieses Lied entstand in Leipzig 1824 auf der Grundlage eines Liebesliedes, dessen erste Strophe der Leipziger Lehrer Ernst Anschütz beibehielt und für seine Schulkinder die zweite und dritte Strophe hinzudichtete. So ist aus einem Lied, das den immergrünenden Tannenbaum als Zeichen unvergänglicher Liebe besang, ein Weihnachtslied geworden.
In manchen Gegenden sang man dieses Lied bei einem am 6. Januar geübten Brauch des »*Baumaussingens*«. Am Erscheinungsfest wurden zum letzten Male die Christbaumkerzen entzündet. Unter dem Gesang des Tannenbaum-Liedes ließ man sie ausbrennen mit Ausnahme einer Kerze, die für das nächste Weihnachtsfest aufbewahrt wurde. Mit ihr hat man im folgenden Jahr dann die Kerzen des Weihnachtsbaumes entzündet. Auf diese Weise wurde an das alle Zeitlichkeit überdauernde Weihnachtslicht erinnert.
Der Christbaum hatte für die Tradition, Weihnachten als Familienfest zu begehen, eine große Bedeutung. Heimlich wurde er von den Eltern geschmückt, die Geschenke darunter bereitgelegt, die Ker-

zen entzündet, und erst dann sind die Kinder in den festlich geschmückten Raum zugelassen und mit den Geschenken überrascht worden.
Die Lichtsymbolik, welche das Fest bereits von seinen vorchristlichen Wurzeln her prägt, führte nicht nur zu dem mit Lichtern geschmückten Weihnachtsbaum, sondern auch zur Herstellung verschieden gestalteter Lichter-Gestelle und Weihnachtspyramiden.

Weihnachtsgeschenke

Das Austauschen von Geschenken zum Weihnachtsfest ist heute allgemein üblich. Der Brauch hat seinen Ursprung darin, daß Herrschaften, Stadtregierungen und Klöster ihren Bediensteten, Bürgern und Insassen zu Weihnachten bestimmtes Gebäck geschenkt haben. Weihnachtssemmeln und Wecken, Honig- und Lebkuchen wurden verteilt. Es entstanden landschaftlich verschiedene Figurengebäcke und Gebildebrote. Der Weihnachtsstollen, eine Dresdener Spezialität, wird erstmals im Jahre 1329 urkundlich erwähnt. Eine soziale Komponente der Weihnachtsgaben ist darin zu sehen, daß ursprünglich Jugendliche, Arme und Leute, die im Winter ohne Einkommen waren, sich zu Weihnachten Gaben von Vermögenden erbitten konnten und zum Dank dafür Glückwünsche, Gesänge und Musik (»*Weihnachts-Anblasen*«, »*Kindlein-Anblasen*«) darbrachten. Unsere heute noch weithin gepflegte Gewohnheit, das Weihnachtsfest im Familienkreise zu begehen und sich gegenseitig zu beschenken, entwickelte sich seit dem 16. Jahrhundert zunächst in den evangelischen Gebieten.

Schaufenster vor Weihnachten

Weihnachten ist eine Angelegenheit, von der ich eigentlich nicht gerne spreche. Einerseits weckt das schöne Wort so tiefe, heilige Erinnerungen aus dem Sagenbrunnen der Kindheit, flimmert so magisch im Scheine jener blonden Lebensmorgenfrühe und ist so durchstrahlt von unzerstörbar heiligen Symbolen: Krippe, Stern, Heilandkind, Anbetung der Hirten und Könige und Weisen aus dem Morgenland! Und andererseits ist »Weihnachten« ein Inbegriff, ein Giftmagazin aller bürgerlichen Sentimentalitäten und Verlogenheiten, Anlaß wilder Orgien für Industrie und Handel, großer Glanzartikel der Warenhäuser, riecht nach lackiertem Blech, nach Tannennadeln und Grammophon, nach übermüdeten, heimlich fluchenden Austrägern und Postboten, nach verlegener Feierlichkeit in Bürgerzimmern unterm aufgeputzen Baum, tausend Dingen, die mir alle bitter verhaßt und zuwider sind, und die mir alle viel gleichgültiger und lächerlicher vorkämen, wenn sie nicht den Namen des Heilands und die Erinnerungen unserer zartesten Jahre so furchtbar mißbrauchten.

Nun, sprechen wir also nicht von Weihnachten – es kämen dabei ja doch lauter Verlegenheiten heraus, zum Beispiel, daß ich doch immer keine Ahnung habe, was ich meiner Freundin schenken soll, und ob zwanzig Mark für die Köchin richtig ist –, ach und wenn ich doch den Freund S. daran verhindern könnte, mir wieder ein so kostbares und dabei so jämmerlich unnützes Geschenk zu machen wie im letzten Jahr! Oder, falls es sich nicht ganz vermeiden läßt, an die Weihnacht zu denken, so laßt mich an jene wirkliche und echte Weihnachtsvorfreude denken, die ich auch heute noch, als enttäuschter und einsamer Mensch, zu empfinden vermag: an die Freude beim Herstellen jener Weihnachtsgeschenke, die ich auch heute noch, wie einst in den Knabenzeiten, für einige meiner Freunde mit eigener Hand herzustellen gewohnt bin, Blätter mit Landschaftsaquarellen und dergleichen Dinge.

Nun, trotz allen widerstreitenden und beklemmten Gefühlen muß ich sagen: an manchen Abenden im Dezember, wenn es nach trübem, verschleiertem Nachmittag in den Geschäftsstraßen aufzuflammen beginnt, wenn alle die farbigen und grellen Schimmer aus den Schaufenstern auf den feuchten oder beschneiten Asphalt herausfallen und die Straße etwas festlich Belebtes bekommt, dann macht dieser verlogene, heftige Weihnachtsbetrieb mit seiner lichten Außenseite mir doch einigen Spaß, und ich kann dann eine Stunde lang gerade in jenem Stadtteil bummeln, den ich sonst vermeide, und kann eine Stunde lang verloren und gefesselt an den strahlenden Läden hinstreichen, ins Schauen verloren.

Hermann Hesse

Besondere Tage in der Weihnachtszeit

Stephanustag – Tag des Erzmärtyrers Stephanus, 2. Weihnachtsfeiertag (26. Dezember)

Der *Stephanustag* eröffnet eine dreitägige Reihe von Gedenktagen, die zu Ehren von Gefährten und Begleitern Christi begangen werden.

Auf den ersten Blick ist es unverständlich, daß ein Märtyrergedenktag in Verbindung mit Weihnachten als dem Geburtsfest Christi gehalten wird. Dazu heißt es in der Stephanus-Legende:

»Der erste Grund ist, daß Christus darum auf Erden geboren ward, daß der Mensch im Himmel neugeboren werde. Darum war es ziemlich, daß der Geburt Christi gesellet ward das Fest von Sanct Stephani Geburt, der als der erste für Christum die Marter litt, welches ist die Geburt zum himmlischen Leben: auf daß damit bezeichnet werde, daß das eine die Folge sei des andern; so singt man dann auch ›Gestern ward Christus auf Erden geboren, auf daß Stephanus heute im Himmel geboren werde‹«.

Der neutestamentliche Bericht über das Martyrium des Stephanus ist nachzulesen in Apg 6,8 – 7,59. Der 26. Dezember gilt als der Tag, an dem die Gebeine des Märtyrers Stephanus in Jerusalem aufgefunden worden sind.

Im Osten des römischen Reiches wurde bereits im 4. Jahrhundert ein Fest des Heiligen Stephanus gefeiert. Der Fund seiner Gebeine wird auf das Jahr 415 datiert. Augustinus berichtet, daß die Gebeine des Heiligen von Jerusalem nach Konstantinopel überführt worden sind. Von dort aus hat sich seine Verehrung stark verbreitet. Viele zum Teil sehr bedeutende Kirchen und Kapellen sind ihm geweiht worden.

Tag des Apostels und Evangelisten Johannes (27. Dezember)

Der 27. Dezember ist dem Apostel Johannes gewidmet, der als Verfasser des Johannes-Evangeliums, der Johannes-Briefe und der Offenbarung gegolten hat. Er stand in der Ostkirche in hohem Ansehen; sein Grab wurde in Ephesus verehrt. Auch dieser Gedenktag ist bereits im 4. Jahrhundert bezeugt. Mit ihm verbunden ist die Umformung eines vorchristlichen Volksbrauches, der an die in der Antike üblichen Trankopfer zu Ehren der Götter anknüpft. Am Tag des Apostels und Evangelisten Johannes kann in katholischen Kirchen der sog. *Johanniswein* gesegnet werden. Das Buch der Segnungen (Benediktionale) erklärt zur Begründung dieses Brauches: »Die Legende berichtet vom Apostel Johannes, er habe einen Becher vergifteten Weines gesegnet und so vom Gift befreit. Der Johanniswein erinnert uns an das Gebot argloser Liebe, das dieser Apostel besonders gepredigt hat.«

Tag der unschuldigen Kinder (28. Dezember)

Der *Gedenktag der unschuldigen Kinder* bezieht sich auf die bekannte Erzählung vom Kindermord in Betlehem (Mt 2,16-18), die auch in vielen größeren Krippen dargestellt wird. Ein nordafrikanisches Verzeichnis aus dem Jahre 505 nennt diesen Gedenktag. In der katholischen Kirche kann an diesem Feiertag eine Kindersegnung vorgenommen werden.

Silvester, Altjahrsabend (31. Dezember)

Der 31. Dezember ist der Todestag von Silvester I., der von 314 bis 335 Papst in Rom gewesen ist. Während seines Pontifikats erlebte die christliche Kirche im römischen Reich einen großen Umschwung: Durch die Politik Konstantins des Großen wurde aus der verfolgten Kirche eine vom Staat begünstigte Religionsgemeinschaft, später dann eine Staatskirche. In der Legendenbildung seit

dem 5. Jahrhundert wird der Heilige Silvester geschildert als besonders standhaft während der noch anhaltenden Christenverfolgung. Er soll schließlich den bekehrten Kaiser getauft und sogar von Aussatz geheilt haben.
In den evangelischen Gemeinden heißt der Tag des Silvester »Altjahrsabend«. Beide Kirchen begehen ihn mit abendlichen Gottesdiensten, die vor allem der Besinnung über das Enteilen der Zeit und über die Vergänglichkeit des Lebens gewidmet sind.
Nächtliches Feuerwerk und Silvesterknallerei sind allgemein verbreitet. Abgesehen vom ästhetischen Genuß mag hierbei durchaus etwas mitschwingen vom Vertreiben trauriger, als schlecht und störend erlebter Gefühle und Gedanken. Da diese Art der »Vertreibung böser Geister« genau um Mitternacht zum Jahreswechsel am heftigsten ausbricht, trägt sie auch die Züge einer überschäumenden Begrüßung des neuen Jahres. An dieser Stelle werden auch Orakelbräuche wie z. B. Bleigießen geübt. Zu einem solchen Zeitpunkt neigt der Mensch zur Erstellung von allerlei Bilanzen, Rück- und Überblicken und zu guten Vorsätzen.

Neujahr (1. Januar)

Der 8. Tag, vom Weihnachtsfest an gerechnet, hat unabhängig von seiner Bestimmung als Jahresanfang eine eigenständige Bedeutung im Kirchenjahr. Er wird »*Tag der Beschneidung und Namengebung Jesu*« genannt nach der Bemerkung in Lk 2,21: »Und als acht Tage um waren und man das Kind beschneiden mußte, gab man ihm den Namen Jesus, wie ihn der Engel genannt hatte, bevor das Kind im Mutterleib empfangen war.«
Der 8. Tag stellt eine Zäsur dar. Deutlich ist dies abzulesen am Schöpfungsbericht 1. Mose 1, wo die schöpferische Periode sieben Tage dauert. Danach beginnt mit dem 8. Tag die sich stets wiederholende Reihe entsprechender Zeitabschnitte. So ist der Oktav-Tag des öfteren besonders hervorgehoben. Auch in der Musik hat der 8. Ton, die Oktave, eine besondere Beziehung zur Grundlage.

Der Tag der Beschneidung und Namengebung Jesu ist die Oktave des Weihnachtsfestes. Die Menschwerdung realisiert sich weiter und tritt in eine neue Stufe. Nach der Geburt wird das Kind durch die beiden Akte der Beschneidung und der Namengebung in die menschliche Gemeinschaft nach jüdischem Verständnis offiziell aufgenommen.
Die Festlegung des Jahresanfangs auf den 1. Januar geschah durch die Kalenderreform unter Julius Cäsar im Jahre 46. v. Chr. Vorher war der 1. März der Neujahrstag. Dies läßt sich bis heute an den Monatsnamen »September« (7. Monat) bis »Dezember« (10. Monat) ablesen.
Jahrhunderte vor der Kalenderreform unter Cäsar sind die Saturnalien am 17. Dezember als eine Art Neujahrsfest begangen worden. Dabei gab es auch närrisches Treiben, wie z. B. den Rollentausch von Herren und Knechten, Festgelage und Geschenke. Dieses Brauchtum war auf den 1. Januar mitgewandert und führte später zu Gegenreaktionen der Kirche: Um zu verhindern, daß Christen sich beteiligten, wurde der 1. Januar in Gallien und Spanien zum Fasttag erklärt, also zum Tag der Buße. In Rom selbst ist dieser Tag als Marienfest begangen worden. Dieses Marienfest geriet jedoch später in den Schatten anderer bedeutsamerer Gedenktage zu Ehren Mariens. Anläßlich der kirchlichen Kalenderreform von 1969 ist der 1. Januar wieder zum *»Hochfest der Gottesmutter Maria«* erklärt worden.
Neujahr als Datum des Beginns eines neuen Jahres ist kein kirchliches Fest. Martin Luther hat sich gegen die kirchliche Begehung als Neujahr gesträubt und gefordert, man solle sich an die alte kirchliche Sinndeutung dieses Tages halten und über die Beschneidung Christi und den Namen Jesu predigen. Wie aus seinem bekannten Weihnachtslied »Vom Himmel hoch, da komm ich her« hervorgeht, sah er das Weihnachtsfest als Beginn eines neuen Jahres an: »... und singen uns solch neues Jahr.«
Trotzdem werden heutzutage in den Kirchen Gottesdienste gehalten, die auf den Jahresbeginn ausgerichtet sind.
Ein Brauchtum für diesen Tag ist das Austauschen von Glückwünschen und das Schenken von »Neujahrs-Brezeln«.

Die *zwölf Nächte* vom 25. Dezember bis zum 6. Januar werden »Rauhnächte« genannt und gelten als unheimlich. In ihnen walten dämonische, bedrohliche Mächte. Mit Lärm und Umzügen ist ihnen begegnet worden, um sie zu vertreiben. Diese Meinung geht auf germanische Ansichten zurück, auf die Vorstellung von der »wilden Jagd«, die in diesen winterlichen, stürmischen Nächten unterwegs ist. Perchte (Berchta), eine Frauenfigur aus der germanischen Mythologie, spielte dabei mancherorts eine Rolle. Perchtenläufe und Perchtenspringen gehören zum Teil bis heute zu den Bräuchen dieser Zeit.

Das Erscheinungsfest

Das Erscheinungsfest wird am 6. Januar gefeiert. Der ursprüngliche Name dieses Festes ist das griechische Wort »*epiphaneia*«, zu deutsch: Erscheinung. Deswegen wird es gleichbedeutend Epiphanias oder Erscheinungsfest genannt. Eine volkstümliche Bezeichnung ist »Heilige Drei Könige«, »Dreikönigstag« oder einfach »Dreikönige«. Wie oben erwähnt (vgl. S. 25), feierte die alte Kirche bis zum 4. Jahrhundert an diesem Fest die Geburt Jesu.
Heute steht es in enger Beziehung mit dem Weihnachtsfest und wird besonders geprägt durch die Erzählung von den Weisen aus dem Morgenlande aus dem Matthäus-Evangelium (Kap. 2,1-11). Mit dem Erscheinungsfest geht die Weihnachtszeit zu Ende.
Im Unterschied zum Weihnachtsfest, das geprägt ist durch die Geburtserzählung aus Lk 2 vom Krippenkind, beruht das Erscheinungsfest auf der Tradition des Matthäus-Evangeliums vom »neugeborenen König der Juden« (Mt 2,2: »Wo ist der neugeborene König der Juden? Wir haben seinen Stern gesehen im Morgenland und sind gekommen, ihn anzubeten«). Das Thema »Macht und Herrschaft des Christus« steht hier im Vordergrund. Deswegen wird auch in den Liedern dieses Festes nicht so sehr vom Kind in der Krippe gesungen, sondern von dem starken Erlöser, dem königlichen Herrscher (»Jesus ist kommen, der König der Ehren«.«O König aller Ehren, Herr Jesu, Davids Sohn«), sogar von dem Schöpfer (»Du

Schöpfer aller Dinge, du väterliche Kraft«), und symbolisch von Christus als dem Morgenstern (»Wie schön leuchtet der Morgenstern«. »Der Morgenstern ist aufgedrungen«).

Der griechische Begriff Epiphanie ist in der Religion von hoher Bedeutung. Er bezeichnet das Erscheinen eines Gottes, vor allem auch sein erstmaliges Erscheinen und das Offenbarwerden. Die Erstmaligkeit ist beim Erscheinungsfest stark betont, verbunden mit dem öffentlichen, sogar weltweiten Charakter dieses Erscheinens. Der Sinn dieses Festes ist, daß Jesus von Nazaret als der erwartete Messias aus dem Geschlecht Davids und als der Sohn Gottes offenbar geworden ist.

Verschiedene Entwicklungen haben dazu beigetragen, daß dieses alte und traditionsreiche Fest durch Weihnachten etwas in den Schatten gestellt worden ist. Es hat jedoch mit der Erzählung von den Weisen aus dem Morgenlande eine ebenso spektakuläre wie volkstümliche Tradition als Zentrum. Sie eröffnet astronomische, eigentlich sogar astrologische Überlegungen; sie berührt das Thema Wissenschaft und religiöse Erkenntnis; sie erschließt einen weltweiten Horizont, wo Grenzen überschritten und aufgehoben werden; sie erzählt in kräftiger Symbolik und Bildhaftigkeit davon, daß wir uns mit unseren besten und wertvollsten Möglichkeiten und Gaben dem Reiche Gottes zuwenden können, und sie ermöglicht ein reiches und buntes Brauchtum.

In der Bundesrepublik Deutschland ist das Erscheinungsfest lediglich in drei Bundesländern als gesetzlicher Feiertag anerkannt (Baden-Württemberg, Bayern und Sachsen-Anhalt).

Geschichtliches

Das Erscheinungsfest hat seinen Ursprung in Ägypten, in Alexandria. Es ist ein interessantes Beispiel dafür, daß die christlichen Feste den Platz älterer religiöser Feste eingenommen haben. Diese boten in der Regel sinnvolle Anknüpfungspunkte und wurden im Sinne des christlichen Glaubens umgedeutet und neugestaltet.

In Ägypten ist der Kult eines Gottes bezeugt, der »Aion« genannt

wird. Aion ist Gott der Zeit, woran unser Begriff »Äon« heute noch erinnert. In Alexandria berichten Texte aus der Zeit um 200 n. Chr. vom Kult dieses Gottes. In der Nacht vom 5. auf den 6. Januar wurde die Geburt des Aion gefeiert, der Neuanfang der Zeit, eine alljährlich sich wiederholende Verjüngung der Zeit. Hin und wieder wird der Gott Aion identifiziert mit früheren ägyptischen Göttern – mit Osiris z. B., der die lebenspendende Kraft darstellt und deswegen selbstverständlich in Beziehung steht mit dem Sonnengott Re. Das Datum der Neugeburt des Zeitgottes Aion gehört darum zu dem Ereignis der winterlichen Sonnenwende.
Am Tage nach der nächtlichen Feier der Geburt Aions aus der Jungfrau Kore wurden Riten des Nilkultes begangen. Der Nil verkörperte für Ägypten göttliche Schöpferkraft, von der die Existenz des Landes abhing. Von Jahr zu Jahr brachte sie neues Leben hervor. Am Erneuerungsfest der Zeit wurde also lebenspendendes Wasser aus dem Nil geschöpft. So spielte ein Ritus am Fluß und das Element des Wassers an diesem Fest eine bedeutende Rolle.
Die Christianisierung dieses ägyptischen Festes vom 5./6. Januar geschah zuerst in einer christlichen Sondergruppe, den Basilidianern, benannt nach ihrem Schulhaupt Basilides, der in Alexandria wirkte in der ersten Hälfte des zweiten Jahrhunderts. Sie vertraten eine gnostische Richtung (griech.: Gnosis = Erkenntnis); Einsicht in die göttliche geistige Wirklichkeit war für sie das Wichtigste. Die Hauptströmung der Kirche bekämpfte diese Richtung als Sekte, weil sie das Menschsein des Christus verteidigen und verhindern wollte, daß aus Jesus Christus ein unirdisches Geistwesen gemacht wird.
Die Basilidianer begannen damit, das Geburtsfest des Aion umzudeuten und umzugestalten und zelebrierten in einem nächtlichen Gottesdienst die Taufe Christi im Sinne seiner Erscheinung als Sohn Gottes.
Die Kirche hat in Alexandria dieses Fest der Basilidianer Anfang des 4. Jahrhunderts aufgenommen, dabei aber die Geburt des Christus als Mensch in den Vordergrund gestellt. Trotzdem blieb auch die Tradition der Taufe mit dem Fest verbunden.
Im Anschluß an das Erscheinungsfest wurde ein vierzigtägiges Fasten begangen, gewissermaßen als Nachahmung der vierzig Tage,

die Christus nach seiner Taufe in der Wüste zubrachte (Mk 1,12.13). Von Ägypten aus hat sich das Erscheinungsfest ausgebreitet, gelangte auch in die westlichen Gebiete des römischen Reiches und nach Rom selbst. Nach der Einführung des 25. Dezember als Fest der Geburt Christi blieb das Erscheinungsfest dennoch erhalten. Die Tradition war bereits stark genug, um dieses Fest aus der ägyptischen Provinz am Leben zu erhalten. Die Verbindung des Erscheinungsfestes mit dem Thema Taufe trug viel dazu bei, daß dieses Datum neben dem Osterfest ein zweiter herausragender Tauftermin wurde, besonders in Kleinasien und Byzanz.

Der Bezug zum vorchristlichen Ursprung als göttliches Geburtsfest blieb dadurch lebendig, daß die Erzählung von den Weisen aus dem Morgenlande zur Tradition dieses Festes gehörte. Als weitere wichtige Darstellung der Erscheinung der Göttlichkeit des Christus wurde aus dem Johannes-Evangelium der Bericht vom Weinwunder auf der Hochzeit in Kana hinzugenommen (Joh 2,1-11).

Die Ansammlung dreier, im Sinngehalt zwar ähnlicher, im Inhalt jedoch sehr verschiedener Traditionen, erwies sich als ungünstig für das Fest. Deswegen ging man in Rom daran, dieses Bündel zu entflechten. Der 6. Januar wurde zum Tag der Weisen aus dem Morgenlande. Am 8. Tag nach diesem Datum wurde das Gedenken der Taufe Jesu begangen (am 13. Januar). Am Sonntag danach war die Hochzeit zu Kana das Thema der Feier.

Weil der 6. Januar ein wichtiger Tauftermin geworden ist, ergab sich die Notwendigkeit, zur Vorbereitung auf die Taufe ein vierzigtägiges Fasten einzuhalten. Aus dieser Vorbereitungszeit ist später die Adventszeit geworden.

Das Erscheinungsfest entwickelte sich mehr und mehr zum Fest der Heiligen Drei Könige. Ihnen zugeschriebene Reliquien wurden am 23. Juli 1164 von Mailand nach Köln überführt. Kaiser Friedrich Barbarossa hatte sie nach der Zerstörung Mailands seinem Kanzler Erzbischof Rainald von Dassel übereignet, der sie in seine Kathedrale, den Kölner Dom, überführen ließ. Von dort aus hat ihre Verehrung großen Aufschwung genommen. Für die Reliquien wurde unter Mitwirkung des Nikolaus von Verdun ein kostbarer Schrein geschaffen, der eines der bedeutendsten Wallfahrtsziele geworden ist. Das Erscheinungsfest nahm teilweise den Charakter eines Heiligenfestes an. Deshalb ist es in katholischen Gebieten populärer und viel reicher an Brauchtum ausgestattet als in evangelischen Gegenden.

Die biblischen Erzählungen zum Erscheinungsfest

Entsprechend dem religiösen Sinn dieses Festes als Feier der göttlichen Epiphanie (Erscheinung, Offenbarung) Jesu Christi sind aus der Überlieferung der Evangelien drei grundlegende Offenbarungsgeschichten mit ihm verbunden worden:
Aus Mt 2,1-11 die Erzählung von den Weisen aus dem Morgenlande, die als erste von der Geburt des messianischen Königs erfuhren.
Aus Mk 1,9-11 der Bericht von der Taufe Jesu durch Johannes den Täufer im Jordan, wo nach der Darstellung dieses Evangelisten die Stimme Gottes vom Himmel zum ersten Mal Jesus von Nazaret als den Sohn Gottes öffentlich ausgerufen hat.
Aus Joh 2,1-11 die Geschichte vom Weinwunder auf der Hochzeit zu Kana, wo der Evangelist abschließend anmerkt: »Das ist das erste Zeichen, das Jesus tat, geschehen in Kana in Galiläa, und er offenbarte seine Herrlichkeit.«
Jes 60,1-6 ist ein wichtiger alttestamentlicher Text zum Erscheinungsfest, weil darin von Heiden und von Königen die Rede ist, die zum Zion wallfahrten und als königliche Geschenke Gold und Weihrauch mitbringen.
Die Epiphaniaszeit erstreckt sich bis zum 40. Tage nach Weihnachten (2. Februar), wo die Darstellung Jesu im Tempel (Lk 2,22-40) das Thema des Tages ist. Ursprünglich endete die Festzeit mit dem 14. Februar, also dem 40. Tage nach dem Erscheinungsfest.
Das Fest ist in den Kirchen mit dem Thema Mission verbunden, was seinen Grund darin hat, daß die Weisen aus dem Morgenlande als Vertreter der heidnischen Völker angesehen werden, die gekommen sind, um Christus als den Messias zu ehren.

In der katholischen Kirche stellen sich heute die Sternsinger in den Dienst des missionarischen Gedankens. Sie ziehen von Haus zu Haus und sammeln Spenden für weltweite Kinderhilfsprojekte. Dazu werden sie im Gottesdienst gesegnet und ausgesandt: «Segne diese Sternsinger, die diese Freude Christi in die Häuser unserer Gemeinde tragen wollen. Öffne die Herzen und Hände der Menschen, daß sie durch ihre Spenden mithelfen, das Licht des Glaubens in alle Welt zu tragen«, lautet der Segenspruch im Kirchenbuch der Segnungen (Benediktionale).

Brauchtum

Dreikönigsspiele und Sternsingen

Der ursprüngliche Ort der Dreikönigsspiele ist die Liturgie des Gottesdienstes gewesen. Um die Festgeschichte des 6. Januar augenfällig darzustellen, zogen drei Priester verkleidet als die Heiligen Drei Könige mit ihren Gaben zunächst zum Lesepult, von wo aus das Festevangelium vorgelesen wurde. Von dort brachten sie dann ihre Gaben zum Altar.

Wichtiger noch als diese Darstellung im Rahmen der gottesdienstlichen Liturgie wurden die sogenannten *Stubenspiele*. Die Sternsinger zogen von Haus zu Haus. In den Stuben führten sie ihre Dreikönigsspiele auf, indem sie volkstümliche und oft mundartliche Lieder sangen und Verse sprachen. Der Ton des Vortrags war eher liturgisch geprägt und monoton. Auf schauspielerische Leistung kam es dabei nicht an. Als Belohnung erhielten die Spieler Süßigkeiten oder Geld. Früher war der Segenscharakter dieser Sternsingerbesuche stärker betont. Kein Haus der Dorfgemeinschaft durfte übergangen werden. Der weihnachtliche Friede wurde in die Dorfgemeinschaft hineingetragen, indem die Heiligen Drei Könige unabhängig vom sozialen Status jede Familie aufsuchten.

Sternsingerlieder sind seit dem 16. Jahrhundert bekannt. Meistens sind es Schüler gewesen, die den Brauch ausübten und nach der Art

des Kurrendesingens (lat. currere = laufen) sich dafür mit Gaben belohnen ließen. Mancherorts existierten auch organisierte Spielvereine, gewöhnlich von Schülern getragen, aber z.B auch von Bergleuten, welche die Dreikönigsspiele aufführten. Außer den drei Königen wurde als Gegenfigur auch der König Herodes als Tyrann und Feind des Christuskindes dargestellt.
Einer der Könige hat in der Regel schwarze Hautfarbe, weil die drei Könige als Repräsentanten der damals bekannten drei Kontinente Asien, Afrika und Europa angesehen wurden. Besonders in der Malerei werden sie außerdem als Vertreter der drei Lebensalter gezeigt (Jugend, Lebensmitte, Greisenalter).
Für Lehrlinge, Gesellen und Handwerker aus Gewerben, die im Winter nichts verdienen konnten, war das Sternsingen und die Dreikönigsspiele eine willkommene Möglichkeit für zusätzliche Einnahmen.
Diese Möglichkeit, sich durch Sternsingen Geld zu verdienen, wurde auch von fahrenden Gruppen genutzt. Sie standen in schlechtem Ruf und haben dem Brauch eher geschadet. Im Erzgebirge galten die »Königsscharen« als liederlicher Personenkreis. In Thüringen wurde 1780 das übermäßige Sternsingen verboten und polizeilich verfolgt. Dieser Umstand veranlaßte Goethe zu seinem Gedicht »Epiphanias«, in welchem es von dieser Art Sternsinger heißt:

»Die heil'gen drei König' mit ihrem Stern,
Sie essen, sie trinken, und bezahlen nicht gern;
Sie essen gern, sie trinken gern,
Sie essen, trinken, und bezahlen nicht gern.«

Beim Vergleich der neutestamentlichen Erzählung von den Weisen aus dem Morgenland mit der in Liedern und Spielen vorliegenden Fassung fallen einige schwerwiegende Unterschiede auf: Der Evangelist erzählt von Magiern, d.h. von Sterndeutern, ohne eine bestimmte Zahl zu nennen. In der volkstümlichen Auffassung sind daraus drei Könige geworden. Ein Grund für diese Verwandlung der Magier in Könige war die Anrüchigkeit des Begriffes »Magier«. Aufgrund der königlichen Gaben, die sie dem Kinde brachten (vgl. Jes 60,3.6), wurden sie als Könige betrachtet, und aus der

Dreizahl der Geschenke schloß man auf die Dreizahl der Könige. Diese Behauptung wurde bereits von dem Kirchenvater Origenes (184-254) aufgestellt.
Seit dem 9. Jahrhundert heißen die drei Könige in der volkstümlichen Meinung Caspar, Melchior und Balthasar. Ihr Heiligenfest ist selbstverständlich der 6. Januar.
In den Dreikönigsspielen und beim Brauch des Sternsingens spielt der *Stern von Betlehem* eine wichtige Rolle. Die im babylonischen Raum vor allem hochentwickelte Himmelsbeobachtung und die Überzeugung, daß Konstellationen am Himmel ihre Entsprechung im irdischen Geschehen haben, bilden den Hintergrund der Erzählung. Im Jahre 7/6 v.Chr. fand eine dreimalige Konjunktion des Planeten Jupiter und des Planeten Saturn im Sternbild der Fische statt. Diese Begegnung ergibt sich nur alle 794 Jahre. Weil der Planet Jupiter als Stern der Herrschaft, des Königs, gedeutet wurde, und der Saturn als Stern der Juden, sicherlich weil er den letzten Tag der Woche regierte, den Sabbat der Juden, ist diese Konstellation als die Ankündigung der Geburt eines König der Juden gedeutet worden.

Segnungen

An die Ursprünge des Festes in Ägypten läßt der Brauch der *Taufwasserweihe* und der Segnung von Flüssen denken. Ein großes Ritual war im Osten die Jordanweihe, bei der ein Kreuz ins Wasser gesenkt wurde.
Weihwasser, mit dem die Wohnungen besprengt, *Weihrauch* und *Kreide*, mit der ein Segensspruch über die Haustüren geschrieben wird, sind zuvor in der Kirche geweiht worden. Bei der Weihwassersegnung heißt es: »Segne dieses Wasser mit der Kraft des Heiligen Geistes. Laß es den Menschen, die es in ihrer Wohnung aussprengen, zum Zeichen deiner Macht und Nähe werden.«
Die Sternsingergruppen schreiben über die Haustüre außer der jeweiligen Jahreszahl die Buchstaben *C + M + B*. Sie werden auf zwei Arten gedeutet: Entweder als die Anfangsbuchstaben

des lateinischen Segenswunsches Christus Mansionem Benedicat (Christus segne das Haus), oder als die Anfangsbuchstaben der Namen der Heiligen Drei Könige Caspar, Melchior und Balthasar.

Sternsingerlied

Wir sind die drei Weisen, drum ziehn wir zu dritt,
Gold, Weihrauch und Myrrhen hätten wir mit.
Der Tag nimmt zu um einen Hahnenschritt.

Den Weihrauch wir geb'n für ein frommes Gedicht.
Das Gold, das ist für den Klugen gericht.
Die Myrrhe kriegt ein Bauer nie zu G'sicht.

Der Stern an der Stangen hell leuchtet und brinnt.
Wir suchen die Jungfrau, wir suchen das Kind,
in Stall und Haus, wo es sich eben findt.

Wir kommen von weit, und es nieselt und schneit,
der Mantel ist purpur, die Kreide geweiht,
und dürschtig sind wir schon wie nicht gescheidt.

Wir schreiben euch an das neue Jahr
mit Kaspar, Melchior und Balthasar,
und etwas Fests zum Beißen, das wär rar.

Ein schön guten Abend, ihr Frauen und Herrn!
die Nüß und den Enzian nehmen wir gern,
Geh, heb dich, Lipp – und trag jetzt du den Stern!

Josef Weinheber

Fest der Taufe Jesu

Der Sonntag nach dem 6. Januar wird in katholischen Gemeinden als Fest der Taufe Jesu begangen. Auch in der evangelischen Kirche steht an diesem Sonntag die Taufe Jesu im Mittelpunkt der Betrachtung.

St. Blasius (3. Februar)

Blasius wird als Helfer gegen Halskrankheiten geehrt. Er war Bischof von Sebaste und erlitt im Jahre 316 den Märtyrertod. In der Messfeier am Gedenktag des Heiligen werden Kerzen gesegnet. Der Priester hält die gekreuzten brennenden Kerzen an den Hals und segnet dabei mit den Worten: »Auf die Fürsprache des heiligen Blasius bewahre dich der Herr vor Halskrankheit und allem Bösen.«
Aus der Legende des heiligen Blasius:
»Da war ein Weib, das brachte ihren Sohn dar, dem war eines Fisches Gräte in seiner Kehle stecken geblieben, daß er dem Tode nahe war; und bat mit weinenden Augen um Hilfe. Sankt Blasius legte seine Hände auf den Kranken und betete, daß dieser Knabe gesund würde, und alle, die sonst in Blasii Namen um Heilung bäten; und alsbald ward er gesund.«

St. Valentin/Valentinstag (14. Februar)

Valentin war Bischof von Terni. Er starb in den Verfolgungen unter dem Kaiser Valerianus (253-260) den Märtyrertod. Valentin gilt als Helfer gegen Ohnmachtsanfälle und Epilepsie; vor allem aber gibt es an diesem Tag Blumengeschenke unter Verliebten.
Die Heiligenlegende kennzeichnet Valentin als den standfesten Streiter Christi:
»Valentinus ist soviel wie valorem tenens, das will sagen: einer, der in der Heiligkeit beharrt. Oder es heißt valens tiro, starker Kriegs-

knecht, das ist: ein Streiter Christi. Ein Kriegsknecht aber heißt stark, so er nimmer fällt, kräftiglich zuschlägt, tapfer sich verteidiget, und den Sieg davonträgt. Also ist Valentinus niemals gefallen, da er das Martyrium niemals hat geflohen.«
Der Bezug des Heiligen zu Verliebten und Brautpaaren dürfte daher rühren, daß er nach der Legende ein blindes junges Mädchen geheilt hat.

Darstellung des Herrn / Lichtmeß (2. Februar)

Die Weihnachtszeit wird abgeschlossen durch dieses Folgefest, das in den ältesten Quellen »Vierzigster Tag der Geburt unseres Herrn Jesus Christus« genannt wurde.
Ursprünglich wurde das Fest als Christusfest aufgefaßt und galt der »*Darstellung des Herrn im Tempel*«. Die den Bericht einleitende Bemerkung des Lukas »Und als die Tage ihrer Reinigung nach dem Gesetz des Mose um waren, brachten sie ihn nach Jerusalem, um ihn dem Herrn darzustellen« (Lk 2,22) führte zu der Festlegung des Festes auf den 2. Februar als den 40. Tag nach dem Weihnachtsfest.
Nach 3. Mose 12,1-4 galt eine Frau nach der Geburt eines Sohnes für sieben Tage als unrein und mußte anschließend dreiunddreißig Tage der Reinigung zu Hause verbringen. Nach diesen 40 Tagen war sie zu einem Reinigungsopfer im Tempel verpflichtet.
»Nach dem Gesetz des Mose« bezieht sich auf 2. Mose 13,2.15, wo bestimmt wird, daß jede männliche Erstgeburt Gott angehört und durch das Opfer von zwei Tauben ausgelöst werden muß. Zu diesem Zweck mußten die neugeborenen Knaben im Tempel dargestellt werden.

Geschichtliches

Dieses Fest stammt aus Jerusalem. Im Osten wird es vielleicht schon im 4. Jahrhundert begangen, sichere Zeugnisse liegen für das 5. Jahrhundert vor. »*Fest der Begegnung*« wurde es zuerst genannt, in

Anspielung auf die Begegnung des greisen Simeon und der Prophetin Hanna mit dem neugeborenen Christuskind. Zuerst feierte man es in Jerusalem am 14. Februar, dem 40. Tag nach Epiphanias. Nach der Verlegung des Geburtsfestes Christi auf den 25. Dezember verschob es sich dementsprechend auf den 2. Februar.
Mit dem Anwachsen der Marienverehrung wurde das Fest als Marienfest verstanden und »*Mariä Reinigung*« genannt. Die volkstümliche Bezeichnung als »*Mariä Lichtmeß*« kommt von der an diesem Tag vorgenommenen Kerzenweihe und Lichterprozession.

Gottesdienst und Brauchtum

Nach katholischem Brauch beginnt der Gottesdienst mit der Kerzenweihe in einer Nebenkapelle oder an einem andern Ort, wobei der Priester zu Gott betet »... wollest du segnen und weihen diese Kerzen zum Gebrauche der Menschen und zur Gesundheit des Leibes und der Seele, für alle, seien sie zu Land oder zu Wasser«.
Auf die Kerzenweihe folgt als zweiter Teil des Gottesdienstes die Lichterprozession in die Kirche. Daran schließt die Eucharistiefeier als dritter Teil an.
Das Evangelium des Tages ist Lk 2,22-40. Die beiden Lesungen sind Mal 3,1-4 und Hebr 2,14-18.
Die im Gottesdienst geweihten Kerzen werden zuhause in bedrohlichen Situationen entzündet. Man erwartet Schutz von ihnen vor Gewitter, in Krankheiten und in der Sterbestunde.
Früher war es üblich, daß Knechte und Mägde an diesem Tag die Stelle wechseln konnten.

Verkündigung des Herrn / Mariä Verkündigung (25. März)

Dieses Fest steht trotz seiner zeitlichen Distanz noch in enger Verbindung mit dem Weihnachtsfest. Das Thema des Festes ist die Ankündigung der Geburt Christi durch den Engel Gabriel nach der Erzählung in Lk 1,26-38. Entsprechend dieser Überlieferung ist es

sowohl ein Christusfest, was ursprünglich stärker betont wurde, als auch ein Marienfest, was später mehr herausgestellt worden ist. Diese Entwicklung begann im 5. Jahrhundert, wo durch das Konzil von Ephesus die Lehre von Maria als der »Gottesgebärerin« in den Mittelpunkt rückte. Damals wurden auch wichtige Kirchen Maria geweiht, so in Ephesus und im Rom Maria Antiqua, Maria Trastevere und Maria Maggiore.
Das Fest »Mariä Verkündigung« hat einen engen Bezug zu der Aussage »empfangen durch den heiligen Geist« im Apostolischen Glaubensbekenntnis. Deswegen ist es üblich, bei diesen Worten im Gottesdienst niederzuknien.

Geschichtliches

In den östlichen Kirchengebieten wurde der 26. Dezember, der Tag nach dem Fest des Kindes als Fest der Mutter begangen. Dieser Tag war ein Marienfest zum »Gedächtnis der heiligen, immer jungfräulichen Gottesmutter«.
Die Erinnerung an die Verkündigung der Geburt beging man am Sonntag vor dem 25. Dezember. Schließlich aber setzte sich der 25. März, neun Monate vor der Geburt, gewissermaßen als der natürliche Erinnerungstag an die Verkündigung und die damit geschehene Zeugung Christi durch. Der 25. März als vorchristliches Frühlingsfest der Weltschöpfung bot sich für eine christliche Neuinterpretation und Umgestaltung als Zeugungstag des ersten neuen Menschen Christus an.
Die Festlegung des Feiertages auf den 25. März kann zur Kollision mit dem Ostertermin und der Karwoche führen. In diesem Fall wird er auf den Montag nach Quasimodogeniti, dem ersten Sonntag nach Ostern, verlegt. Fällt er auf einen Fastensonntag, so wird er am Samstag davor begangen.

Der Osterfestkreis

Im Zentrum des Osterfestes steht die Feier der Auferstehung Jesu Christi von den Toten. Ostern ist das grundlegende Fest des Christentums und – mit Pfingsten – das älteste christliche Fest. Wie der Name in vielen anderen Sprachen offenbart (frz. Pâques, span. pascua, russ. pascha etc.), ist es eng verwandt mit dem jüdischen Passafest. Dessen theologischer Grundgedanke – die Feier der Befreiung und des Exodus (Auszug) des jüdischen Volkes aus ägyptischer Knechtschaft wurde von den Christen aufgegriffen und christlich umgedeutet: Jesus Christus hat durch seine Opfertod am Kreuz und durch seine Auferstehung die Freiheit durch die Liebe und den Exodus auch aus den Fesseln des Todes verwirklicht. Auf dem Weg zu diesem Fest ist eine vierzigtägige Vorbereitungszeit zu durchlaufen, deren Höhepunkt die Karwoche ist. An die zweitägige Feier des Osterfestes schließt sich eine ebenfalls vierzigtägige nachösterliche Zeit bis zum Fest der Himmelfahrt Christi an. Als österliche Freudenzeit gelten die fünfzig Tage bis zum Pfingstfest, die als Quinquagesima (fünfzig Tage) bezeichnet werden.

Die Zeit der Vorbereitung auf Ostern: Die Fastenzeit/Passionszeit

Im evangelischen Bereich wird die vorösterliche Zeit die »*Passionszeit*« genannt. Die katholische Bezeichnung heißt »*Fastenzeit*« oder »*Österliche Bußzeit*«. Eine unterschiedliche konfessionelle Prägung und Gestaltung läßt sich daran ablesen.

In der evangelischen Kirche liegt der Schwerpunkt auf der Erinnerung an den Leidensweg Jesu bis hin zur Kreuzigung. Fünf Sonntage der Passionszeit tragen lateinische Namen. Als Benennung des

Sonntags ist jeweils das erste Wort des lateinischen Kehrverses, der zum Eingangspsalm genommen wurde, benutzt:
»*Invokavit*« (»Er hat mich angerufen«; Ps 91,15)
»*Reminiszere*« (»Gedenke«; Ps 25,6)
»*Okuli*« (»Meine Augen«; Ps 25,15)
»*Lätare*« (»Freue dich«; Jes 66,10)
»*Judika*« (»Richte«, »Schaffe Recht«; Ps 43,1)
Der sechste Sonntag der Passionszeit ist der Palmsonntag (Palmarum; Sonntag der Palmzweige). Mit ihm beginnt die Karwoche.
Der Hintergrund des *katholischen* Verständnisses dieser Vorbereitungszeit auf Ostern deckt sich mit dem evangelischen darin, daß die Passion Christi das grundlegende Thema ist. Mit dem Gedenken an das Leiden Christi ist als Zeichen der Trauer das Fasten verbunden.
Das Osterfest als großer Tauftermin beeinflußte die Gestaltung und das Verständnis der Vorbereitungszeit erheblich, denn die ganze Gemeinde nahm Anteil an dem Geschehen der Taufvorbereitung.

Geschichtliches

Als im 4. Jahrhundert nach Christus die Zeit der Christenverfolgungen zu Ende ging und die Kirche zu einer festen Einrichtung im römischen Reich wurde, bildeten sich viele Ordnungen des kirchlichen Lebens und verbreiteten sich allgemein. Nicht wenige davon haben bis heute Gültigkeit. Dazu gehört die vierzigtägige Vorbereitungszeit auf das Osterfest.
Zeitabschnitte von vierzig Tagen oder Jahren haben eine auffallende Tradition. Sie kommen in der Bibel immer wieder vor: 40 Tage regnete es bei der Sintflut (1 Mose 7,4); 40 Jahre aßen die Israeliten Manna in der Wüste (2 Mose 16,35); 40 Tage und Nächte blieb Moses auf dem Berg Sinai (2 Mose 24,18); 40 Jahre ist das Volk Israel durch die Wüste gezogen, ehe es in das Land der Verheißung kam (5 Mose 2,7), 40 Tage wanderte der Prophet Elia zum Gottesberg (1 Kön 19,8), 40 Tage wurde Jesus vom Teufel in der Wüste versucht (Mk 1,13) und 40 Tage ließ er sich seinen Jüngern als der Auferstandene sehen (Apg 1,3). »4« ist eine Zahl der Ganzheit: 4

Himmelsrichtungen, 4 Jahreszeiten, 4 Elemente (Erde, Wasser, Luft, Feuer), 4 Temperamente usw. Dementsprechend haben diese auf der Zahl 4 basierenden Zeitperioden den Sinn der Ganzwerdung, der Reifung, der Erprobung und Bewährung, der Reinigung und Vollendung, mit dem kirchlichen Begriff: der Buße.

Der Syrer Isaak von Antiochien sagt in seinem Gedicht über das Fasten: »Trauer geziemt sich für diese Tage, da jener Ehrwürdigste (Christus) von den schändlichen Kreuzigern verspottet wurde.« Am Anfang wurde die Zeit vor Ostern als eine kurze, nur zweitägige Trauerfastenzeit begangen. Bald wurde sie auf die ganze Woche vor dem Fest ausgedehnt, im 4. Jahrhundert jedoch auf den Zeitraum von 40 Tagen festgelegt.

Für die Gestaltung dieser Zeit wurde die Vorbereitung auf die Taufe das beherrschende Thema. Hippolyt schreibt in seiner Kirchenordnung (Ende des 2. Jahrhunderts): »Vor der Taufe findet noch eine Prüfung des Lebenswandels der Katechumenen statt: Ob sie in Ehrsamkeit gelebt, ob sie Witwen geehrt, ob sie Kranke besucht, ob sie alles Gute getan haben. Haben die, welche sie herzugebracht haben, ihnen bezeugt, daß sie sich so benommen haben, dann mögen sie das Evangelium hören. Den so Abgesonderten wird täglich die Hand aufgelegt unter Beschwörung, die dann beim Herannahen des Tauftages der Bischof an den einzelnen vornimmt, um zu erfahren, ob sie rein sind.«

Außer der Taufvorbereitung ist ein anderer wichtiger Vorgang in diesem Zeitabschnitt die Kirchenbuße. War im Verhältnis zur Kirche bei Gemeindegliedern eine Störung aufgetreten, so wurde durch Bußübungen darauf hingearbeitet, daß diese Störung aufgehoben und die Büßer am Gründonnerstag wieder in die volle Gemeinschaft der Kirche aufgenommen werden konnten. Die Bezeichnung als »Österliche Bußzeit« läßt noch heute diesen geschichtlichen Hintergrund erkennen.

Die Fastenzeit beginnt heute mit dem Aschermittwoch. Ursprünglich fing sie an am 6. Sonntag vor Ostern und umfaßte 40 Tage bis Gründonnerstag, dazu an Karfreitag und Karsamstag Fasten und Trauer wegen des Sterbens Jesu Christi.

Die vierzig Fastentage waren ursprünglich nicht direkt auf das Osterfest bezogen, sondern gehörten zur Buße und zur Wiederherstel-

lung der vollen Kirchenzugehörigkeit, damit die Büßer wieder mit den anderen Christen zusammen das hohe Fest feiern konnten. Das Passionstrauerfasten beschränkte sich auf die Karwoche.
Als sich die Zeiten änderten und die Kirchenbuße nicht mehr geübt wurde, richtete sich die gesamte Buß- und Fastenzeit auf das Osterfest aus. Weil an den Sonntagen nicht gefastet wurde, stimmte die Zählung der vierzig Tage nicht mehr. Jetzt mußte am Mittwoch vor dem ersten Fastensonntag begonnen werden, um vom Aschermittwoch bis zum Karsamstag abzüglich der Sonntage auf eine Fastenzeit von genau 40 Tagen zu kommen.

Die biblischen Texte der Fastensonntage

Die diesen Sonntagen in der evangelischen Kirche zugeordneten *Bibeltexte* haben alle einen Bezug zum Thema »Leiden Christi«: Am Sonntag Invokavit ist es die Erzählung von der Versuchung Christi in der Wüste durch den Teufel (Mt 4,1-11); am Sonntag Reminiszere das Gleichnis von den bösen Weingärtnern (Mk 12,1-12); am Sonntag Okuli sind es Worte über die Nachfolge (Lk 9,57-62); am Sonntag Lätare ist es ein Abschnitt aus dem Johannes-Evangelium mit dem Bildwort vom Weizenkorn, das ersterben muß, um Frucht hervorbringen zu können (Joh 12,20-26) und für den Sonntag Judika bildet ein Gespräch Jesu mit den Jüngern Jakobus und Johannes das Thema (Mk 10,35-45).
Die biblischen Themen für die Fastensonntage in der katholischen Kirche beginnen ebenfalls mit der Versuchung Jesu (Mt 4,1-11), in welcher sich Jesus als der dem Satan überlegene gottgesandte Gegenspieler erweist. Die Lektionen der weiteren Fastensonntage sind allesamt darauf ausgerichtet, die Herrlichkeit und die Macht Christi darzustellen: am 2. Fastensonntag in der Verklärung Jesu (Mt 17,1-9), am 3. in seiner Begegnung mit der samaritanischen Frau (Joh 4,5-42), am 4. mit der Heilung eines Blindgeborenen (Joh 9,1-41) und am 5. Fastensonntag mit dem Höhepunkt aller Wunderzeichen im Johannes-Evangelium, der Auferweckung des Lazarus (Joh 11,1-45).

Der Beginn der österlichen Vorbereitungszeit mit dem Aschermittwoch ist speziell katholische Kirchenordnung und Frömmigkeitspraxis. In neuerer Zeit gibt es aber auch in der evangelischen Kirche Ansätze, diese Zeit als Fastenzeit wieder zu entdecken und als Zeit der Selbstdisziplin und Askese zu begehen. Aktionen wie »Sieben Wochen ohne« gehören dazu.

Der Name »Aschermittwoch« kommt von einem Asche-Ritual, das an diesem Tag zur gemeinsamen Eröffnung der Fastenzeit im Gottesdienst geübt wird. Die Gläubigen lassen sich in einem besonderen Aschermittwochsgottesdienst mit Weihwasser gesegnete Asche auf das Haupt streuen zum Zeichen ihrer Bereitschaft, diese Bußzeit und Fastenzeit zu begehen. Die Fastenregel besagt, daß an diesem Tag auf Fleischspeisen verzichtet wird, und daß man sich nur ein Mal satt ißt. Eine Vorform des Asche-Ritus ist aus der gallischen Kirche überliefert, aus der Zeit, als noch öffentliche Kirchenbuße geübt wurde. Am Montag nach dem ersten Fastensonntag bekamen die Büßer ein Bußgewand und wurden in der Kirche mit Asche bestreut. In Anspielung auf die Vertreibung von Adam und Eva aus dem Paradies wurden sie dann für die Dauer der Fastenzeit aus der Kirche ausgewiesen. Gegen Ende des ersten Jahrtausends endete diese Praxis der Kirchenbuße, aber der Asche-Ritus wurde als Zeichen der Buße beibehalten – und zwar für alle Gläubigen. Es wurde Brauch, die Asche durch das Verbrennen der Palmzweige vom vergangenen Jahr zu gewinnen.

Volkstümlich ist der Aschermittwoch als Ende der Fastnachtszeit (Fasching, Karneval). Das Fastnachtstreiben geht auf vorchristliche Frühlingsfeste besonders im Mittelmeerraum zurück. Es hat insofern etwas mit der Fastenzeit zu tun bekommen, als man sich im voraus schadlos halten möchte für die Entbehrungen und die Askese, welche die Kirche von den Gläubigen in der Fastenzeit verlangte. Mit dem Aschermittwoch endet strikt alles Fastnachtstreiben.

»Karwoche« heißt die Woche vor dem Osterfest nach dem althochdeutschen Wort »chara« = Klage, Trauer. Die in den Evangelien dargestellten Geschehnisse in Jerusalem im Umkreis der Kreuzigung Jesu bilden den Inhalt und den Sinn der Feier- und Gedenktage dieser auch »Heilige, Große oder Stille Woche« genannten Tage. Die Karwoche beginnt mit dem Palmsonntag. Ihr wichtigster Tag ist der Karfreitag. Herausgehoben sind auch der Gründonnerstag und der Kar- bzw. Ostersamstag.
Die Karwoche bildet das Kernstück der christlichen Feste. Ihre Datierung ist abhängig vom Osterfest, das nicht wie Weihnachten an einem feststehenden Datum begangen wird. Der Ostertermin bestimmt sich nach dem ersten Vollmond nach der Frühjahrs-Tag-und-Nachtgleiche. Das Konzil von Nicäa hat im Jahre 325 festgelegt, daß das Osterfest am Sonntag nach diesem Vollmond gefeiert wird. Der Termin der Karwoche fluktuiert entsprechend dem des Osterfestes, das sich zwischen dem 22. März und dem 25. April bewegt.

Der Palmsonntag

Der Palmsonntag steht im Zeichen der Erzählung vom Einzug Jesu in Jerusalem. Sein Name knüpft an dieses Geschehen an, wo erzählt wird, daß zu Ehren des in die Heilige Stadt einziehenden Messias Kleider und grüne Zweige auf den Weg gestreut wurden.
In der evangelischen Kirche haben sich für diesen Sonntag außer der sehr bekannten Festgeschichte keine besonderen Gestaltungselemente erhalten, vermutlich vor allem deswegen, weil alle Weihehandlungen durch die Reformation abgeschafft worden sind.
Die katholische Gottesdienstordnung erweist sich als viel offener für darstellendes Handeln. Deswegen ist in ihr mit der Feier des Palmsonntages eine Prozession verbunden, die als Nachvollzug des Einzugs Jesu in Jerusalem zu verstehen ist. Diese Prozession kann in unterschiedlichen Formen begangen werden.

Die feierlichste Variante ist die, daß die Gemeinde sich im Dorf oder in der Stadt an einem passenden Platz versammelt und von dort aus in einer Prozession, in welcher eine Darstellung des auf einem Esel reitenden Christus mitgeführt wird, zur Kirche zieht, um dort das Hochamt zu feiern. Die Gläubigen tragen dabei selbst hergestellte »Palmzweige«, die in der Kirche gesegnet und mit Weihwasser besprengt werden.
In einer kürzeren Form kann die Prozession vor der Kirche beginnen und als Einzug in den Kirchenraum gestaltet werden.
Noch schlichter ist es, wenn zum gewöhnlichen Einzug der Zelebranten ein auf das Geschehen in Jerusalem bezogener Gesang angestimmt wird.
In der evangelischen Kirche hat die liturgische Bewegung der Michaelsbruderschaft den Versuch unternommen, die Feier des Einzugs Jesu in Jerusalem wieder mit einer gottesdienstlichen Prozession zu begehen.
Der Palmsonntag bietet besonders für Kinder geeignete Gestaltungsmöglichkeiten, die zu Familiengottesdiensten genutzt werden.
Die dramatische, liturgische Darstellung des Einzugs Jesu in die Heilige Stadt wird schon aus dem 4. Jahrhundert aus der Jerusalemer Gemeinde selbst berichtet. Sie spielte die neutestamentliche Erzählung nach, indem sie sich auf dem Ölberg versammelte und dem auf einem Esel vorausreitenden Bischof, der die Rolle des Christus vertrat, in die Stadt folgte. Es dauerte ungefähr 400 Jahre bis sich dieser gottesdienstliche Brauch auch im Westen einbürgerte.
Übernahm in Jerusalem der Bischof die Rolle Christi, so konnte es später ein Tragekreuz sein, ein Evangelienbuch, eine konsekrierte (geweihte) Hostie oder eine Christusfigur auf einem hölzernen Esel.
In der Reformationszeit und später im Zeitalter der Aufklärung wurde dieses Brauchtum abglehnt und als »Eselsfest« verspottet. So ist es vielerorts abgeschafft worden.
Die Bezeichnung des Sonntags vor Ostern als Palmsonntag kam erst im Zusammenhang mit diesen Prozessionen auf, bei denen die Gläubigen grüne Zweige trugen. Der Name findet sich zuerst in Spanien und Gallien im 6. Jahrhundert.

Alle vier Evangelien berichten von einem feierlichen Einzug Jesu in Jerusalem, bei dem er als der messianische König begrüßt wurde mit dem Ruf: »Hosianna! Gelobt sei, der da kommt in dem Namen des Herrn, der König von Israel.«
Diese Berichte stehen in Mk 11,1-11; Mt 21,1-11; Lk 19,29-40 und Joh 12,12-19.
Alle vier Evangelisten eröffnen mit diesem Bericht die Passions- und Ostergeschichte. Aus diesem Grunde wurde er das Evangelium für den ersten Tag der Karwoche.

Im Hohlweg zieht die kleine Prozession
Jesus aus Holz geschnitzt
Auf dem Esel aus Holz geschnitzt.
Jesus mit rosenroten Wangen
Die kleinen Räder knarren und singen
Eine Krone für mich eine Krone für Dich
Aus der roten Berberitze.

Marie Luise Kaschnitz

Gründonnerstag

Der Name dieses Feiertages verleitet dazu, an die Farbe Grün zu denken und den Gründonnerstag in Zusammenhang zu bringen mit dem jungen Grün der Frühlingszeit. Tatsächlich hat dieser Name damit nichts zu tun, sondern leitet sich von einem mittelhochdeutschen Wort »gronan« her, das »weinen« bedeutet. Es wird heute noch gelegentlich in der Form »greinen« gebraucht.
Zur Erklärung dafür, daß dieser Tag mit dem Weinen in Verbindung gebracht wird, erinnert man daran, daß in der alten Kirche die öffentlichen Büßer am Gründonnerstag wieder in die volle Gemeinschaft der Kirche aufgenommen worden sind. Wahrscheinlich ist diese Erklärung deswegen nicht ganz überzeugend, weil dieser Tag für die Büßer ja nicht ein Tag des Weinens, sondern eher der Freude und der Wiederherstellung gewesen ist.

Weinen und Trauer spielen dagegen in einer grundlegend mit diesem Feiertag verknüpften Erzählung eine große Rolle: »Und er nahm mit sich Petrus und die zwei Söhne des Zebedäus und fing an zu trauern und zu zagen«, heißt es von Jesus im Garten Getsemane (Mt 26,37).

Aus der Reihe der zu diesem Feiertag gehörigen Erzählungen der Passionsgeschichte ragt vor allem der Bericht über das letzte Abendmahl Jesu mit seinen Jüngern und die Einsetzung der Abendmahlsfeier heraus. Der Name »Gründonnerstag« erinnert an den weinenden Christus als die aus der Sicht der Volksfrömmigkeit beeindrukkendste Überlieferung dieses Tages. Für das Kirchenleben jedoch ist die Feier des Abendmahles bzw. der Eucharistie das bedeutendste Thema des Gründonnerstags. Deswegen wird er in der offiziellen Sprache des katholischen Meßbuches »Hoher Donnerstag«, nach lutherischer Weise »Tag der Einsetzung des heiligen Abendmahles« genannt.

Der Gründonnerstag wird in der evangelischen Kirche mit einer abendlichen Abendmahlsfeier begangen, in neuerer Zeit häufiger in Gestalt eines Feierabendmahles, d.h. in Verbindung mit einer Mahlzeit.

Die mit Gründonnerstag verbundene Überlieferung der Evangelien ist sehr reichhaltig. Auch heute noch ist bemerkbar, daß sich diese Tradition in erster Linie auf die Geschehnisse des Abends und der Nacht erstreckt.

Der erste große, den Gründonnerstag prägende Stoff ist der Bericht über das letzte Abendmahl Jesu mit seinen Jüngern, das nach der Darstellung der drei ersten Evangelisten ein Passamahl gewesen ist (Mt 26,17-30; Mk 14,12-25; Lk 22,7-23). Im Unterschied dazu schildert der Evangelist Johannes dieses Mahl als ein Abschiedsmahl, in dessen Mittelpunkt nicht die Einsetzung eines Sakraments stand, sondern die zeichenhafte Handlung der Fußwaschung (Joh 13,1-15).

Zwei Jüngergestalten sind in den Berichten dieses Tages hervorgehoben: Petrus als der Verleugner (Mt 26,31-35; 69-75) und Judas als der Verräter Jesu (Mt 26,14-16; 27,1-10).

Drei weitere Szenen sind von hoher Bedeutung:

Jesus in Getsemani (Mt 26,36-46),
die Gefangennahme Jesu (Mt 26,47-56)
und das Verhör vor dem Hohen Rat (Mt 26,57-68).

Die Gestaltung dieses Feiertages war von Anfang an besonders durch das Gedenken an die Einsetzung des Abendmahles bestimmt. Um der ursprünglichen Situation dieser Einsetzung gerecht zu werden, ist am Gründonnerstag vor der Abendmahls- bzw. Eucharistiefeier eine Mahlzeit eingenommen worden. Davon berichtet der Kirchenvater Augustinus (354 – 430) bereits aus dem 4. Jahrhundert. Dieser Brauch hat sich ca. tausend Jahre lang gehalten bis ins 14. Jahrhundert hinein.

Wegen der besonderen Bedeutung der Eucharistiefeier am Gründonnerstag haben alle Priester einer Kirche gemeinsam diese Messe gefeiert (Konzelebration). Keiner sollte an diesem Tage für sich alleine zelebrieren.

Am Gründonnerstag sind die Gemeindeglieder, die sich einer öffentlichen Kirchenbuße hatten unterziehen müssen, wieder aufgenommen worden. Sie durften in der Eucharistiefeier wieder ihre Gaben darbringen und sich an der Kommunion beteiligen.

Für die österlichen Taufen ist am Gründonnerstag durch den Bischof das benötigte Salböl geweiht worden, ebenso auch das Öl für die Krankensalbung.

Die Fußwaschung Christi ist in Gallien und Spanien innerhalb der Eucharistiefeier des Gründonnerstags bereits im 7. Jahrhundert geübt worden. Sie kann auch heute an diesem Tag nach der Predigt an zwölf Gemeindegliedern stellvertretend vollzogen werden.

Ein an die Getsemani-Erzählung sich anschließender Brauch wird aus der alten Kirche in Jerusalem berichtet: Nach einer Prozession zum Ölberg wurde dort das Evangelium von der Gefangennahme Jesu verlesen.

Karfreitag

Karfreitag ist der Gedenktag an die Kreuzigung Jesu, an seinen Tod und sein Begräbnis. Der Name dieses Feiertages kommt von dem althochdeutschen Wort für Klage und Trauer (chara).

Vieles spricht dafür, daß ganz am Anfang das Gedenken an den Tod Christi mit dem jüdischen Passafest verbunden war. Zunächst hat es also dafür keinen eigenen christlichen Feiertag gegeben. »Auch wir haben ein Passalamm, das ist Christus, der geopfert ist«, schreibt Paulus im 1. Korintherbrief (5,7).
Nachdem sich in der christlichen Kirche ein jährliches Osterfest gebildet hatte, wurde der Tag drei Tage vorher als Todestag Jesu bedeutungsvoll. Karfreitag und Karsamstag sind mit Fasten als Äußerung der Trauer begangen worden.
Ein konfessioneller Unterschied ergab sich in der Gewichtung dieses Feiertages. Während er in der evangelischen Kirche zur Mitte des Glaubens hinführte, gehörte zur katholischen Tradition eher eine reduzierte Gestaltung des Gottesdienstes. Er ist ein Tag ohne eigentliche Eucharistiefeier, ein Tag, der teilweise sogar in die Nähe eines gewöhnlichen Werktages gerückt war. Ein Erlaß von Papst Urban VIII. aus dem Jahre 1642 erklärte Werktagsarbeit am Karfreitag nicht für verboten.
In der evangelischen Kirche gilt er vielfach als der höchste und bedeutsamste Feiertag, obwohl andere ihn an Festglanz und Brauchtum weit überragen. Die Ursache dafür ist darin zu suchen, daß der Kreuzestod Jesu Christi in der theologischen Tradition der Reformation als das eigentliche und grundlegende Heilsereignis verstanden wird. Sie knüpft dabei in erster Linie an Aussagen in den Briefen des Apostels Paulus an, wie z.B. »Gott aber erweist seine Liebe zu uns darin, daß Christus für uns gestorben ist, als wir noch Sünder waren« (Röm 5,8).
Der Karfreitag wird mit feierlichen und ernsten Gottesdiensten begangen, in der Regel mit Abendmahlsfeier. Zur Betrachtung des Leidensweges und des Sterbens Jesu gibt es zahlreiche besondere Karfreitagslieder, die einen hohen Stellenwert für die Frömmigkeit und die Andacht haben. Eines der bedeutendsten traditionellen Lieder ist »O Haupt voll Blut und Wunden«, in der Zeit des Barock von Paul Gerhardt nach einem lateinischen mittelalterlichen Lied des Arnulf von Löwen gedichtet.
Von herausragender Bedeutung sind dem Karfreitag gewidmete Werke der Kirchenmusik, so z. B. die Vertonungen der Passionser-

zählungen des Matthäus- und Johannes-Evangeliums von Johann Sebastian Bach.
Das Geschehen des Karfreitags bildet auf vielen Altären den Mittelpunkt der Darstellungen, das wichtigste Thema des christlichen Bildkreises.
Das Kreuz ist in verschiedenen Formen (lateinisches Kreuz, griechisches Kreuz, russisches Kreuz, Radkreuz, Andreaskreuz, Jerusalemer Kreuz, Henkelkreuz, Ankerkreuz usw.) zum Symbol und Kennzeichen des Christentums geworden.
Eine besondere Bedeutung hat am Karfreitag die Todesstunde Jesu nachmittags um 15 Uhr, nach biblischer Zählung die 9. Stunde des Tages. Um diese Stunde können auch in evangelischen Kirchen besondere Gottesdienste oder Gedenkfeiern gehalten werden.
Am Karfreitag und Karsamstag gibt es in katholischen Kirchen keine Eucharistiefeiern. Nach Möglichkeit soll sich die Gemeinde in der Todesstunde Christi zu einem besonderen Gottesdienst versammeln. Auf dem Altar findet sich keinerlei Zeichen oder Schmuck; Glocken und Orgel schweigen, mehr als sonst prägen Schweigen und Stille die gottesdienstliche Feier. Gelesen wird die Passionsgeschichte aus dem Johannes-Evangelium, eventuell mit verteilten Rollen, wobei es dem Priester zukommt, die Worte Christi zu lesen. Nach dem Wortgottesdienst folgt die Kreuzverehrung. Ein verhülltes oder auch unverhülltes Kreuz wird zum Altar getragen, wo es der Priester entgegennimmt. Er stimmt den Ruf zur Kreuzerhebung an. Die Gläubigen ziehen am Kreuz vorüber und verehren es durch eine Kniebeuge oder einen Kuß.
Auf die Kreuzverehrung folgt die Feier der Kommunion, bei der am Gründonnerstag geweihte Hostien ausgeteilt werden.
Die Erzählungen und Erinnerungen an diesen Tag wurden in liturgische Handlungen und gottesdienstliche Feiern umgesetzt.
Die nächtliche Prozession in der Frühe des »Hahnenschreis« (vgl. Joh 18,27) zum Garten Getsemani und das Gedenken dort an die Gefangennahme Jesu, ist ein Beispiel dafür. Ebenso die gottesdienstlichen Zusammenkünfte zur Todesstunde Jesu, die bis in den Abend des Karfreitags hinein dauern konnten, also die Kreuzabnahme und die Grablegung mit umschlossen haben.

Insbesondere bot sich auch die Nacht vom Gründonnerstag zum Karfreitag, die ja nach altem Verständnis eigentlich zum Todestag Jesu hinzugehörte (der nächste Tag begann nach Sonnenuntergang und nicht um Mitternacht), für besondere Gestaltungen und Rituale an, denn diese Nacht war eine Nacht ohne Schlaf, eine Nacht des Wachens und Betens, des Gottesdienstes (Passamahl/Abendmahl), der Angst und Einsamkeit, der Verhaftung und des Prozesses, eine Nacht voller Dramatik im heilsgeschichtlichen Sinne und im Leben der Jünger Jesu.

Alle vier Evangelien bieten Überlieferungen über den Todestag Jesu an (Mt 27; Mk 15; Lk 23; Joh 18,28 – 19,42). Es handelt sich um die Darstellung der Verhöre, die im Verlaufe des Prozesses mit Jesus angestellt worden sind, vor Tagesanbruch noch vom Hohenpriester und dem Hohen Rat, dann von dem römischen Statthalter Pontius Pilatus. Darnach wird die Verurteilung und Verspottung Christi berichtet, die Kreuztragung zum Richtplatz und die Kreuzigung selbst. Zum Abschluß wird die Kreuzabnahme und die Grablegung erzählt.

Aus dem Alten Testament stehen Abschnitte aus den Gottesknechts-Liedern im Buche Jesaja in Verbindung mit dem Karfreitag (Jes 52,13 – 53,12), auch die Geschichte vom Propheten Jona im Bauch des Walfisches (Jon 2), die symbolisch auf den Tod Christi gedeutet wird. Aus der Briefliteratur des Neuen Testaments kommen Abschnitte hinzu, welche die Heilsbedeutung des Todes Christi erläutern (z.B. 2 Kor 5,14-21; Hebr 9,15-28; 1 Petr 3,18-22).

Am Charfreitagmorgen

»Bin vorige Nacht unterwegen gewesen. Etwas kalt schien einem der Mond auf den Leib, sonst war er aber so hell und schön, daß ich recht meine Freude d'ran hatt' und mich an ihm nicht konnte satt sehen. Heut' Nacht vor tausendachthundert Jahren schienst du gewiß nicht so, dacht' ich bei mir selbst; denn es war doch wohl nicht möglich, daß Menschen im Angesicht eines so freundlichen sanften Monds einem gerechten unschuldigen Mann Leid tun konnten! –«

Matthias Claudius

Karsamstag

Karsamstag ist der Tag der Grabesruhe Christi. Schmucklos steht der Altar. Die Eucharistie kann nicht gefeiert werden, allenfalls so wie am Karfreitag: mit vorgeweihten Hostien.
Am Karsamstag hat in alter Zeit die Weihe des österlichen Taufwassers stattgefunden. Die Zelebranten ziehen vom Taufwasserbrunnen in die Kirche ein.
Das Evangelium dieses Tages ist der Bericht über die Grablegung Christi (Mt 27,57-66). Die frühchristliche Tradition von der Höllenfahrt Christi hat Bezug zum Karsamstag (1 Petr 3,18-22).
Für die Andacht dieses Tages findet man in katholischen Kirchen immer wieder Grabdenkmäler Christi (z. B. im Münster Freiburg/Breisgau, Heiligkreuz-Kirche Schwäbisch Gmünd). Dies knüpft an eine antike Sitte an, Grabdenkmäler zum Gedenken an Tote zu errichten, die woanders bestattet sind.
Der Leichnam Christi ist oft realistisch in natürlicher Größe dargestellt. Wie die Weihnachtskrippe und der Kreuzweg verdanken wir auch diese Bildwerke hauptsächlich der franziskanischen Frömmigkeitstradition.

Brauchtum

Fastenkrippen und Kreuzwege

Für die Andacht in der Fastenzeit gibt es Bildwerke. Eine Art dieser Bildwerke läßt sich mit den Weihnachtskrippen vergleichen, und wird auch als »Krippe« bezeichnet. Die Fastenkrippen sind Darstellungen des Kalvarienberges, d.h. der Kreuzigungsszene auf dem Berg Golgatha mit den dazugehörigen Personen und Marterwerkzeugen Christi. Großartige Kalvarienberge sind bei Kirchen oder Kapellen in der Bretagne zu finden. Für die häusliche Andacht sind die Fastenkrippen gestaltet worden, auf denen die Gläubigen das Leiden und Sterben betrachten können.
In Kirchen, aber vor allem auch im Freien für Prozessionen zu Ka-

pellen sind die Kreuzwege gestaltet worden. In 14 Stationen zeigen sie Szenen des Leidensweges Christi:

1. Jesus wird zum Tode verurteilt.
2. Jesus nimmt das Kreuz auf seine Schultern.
3. Jesus fällt zum ersten Mal unter dem Kreuz.
4. Jesus begegnet seiner Mutter.
5. Simon von Kyrene hilft Jesus das Kreuz tragen.
6. Veronika reicht Jesus das Schweißtuch.
7. Jesus fällt zum zweiten Mal unter dem Kreuz.
8. Jesus begegnet den weinenden Frauen.
9. Jesus fällt zum dritten Mal unter dem Kreuz.
10. Jesus wird seiner Kleider beraubt.
11. Jesus wird an das Kreuz genagelt.
12. Jesus stirbt am Kreuz.
13. Jesus wird vom Kreuz abgenommen und in den Schoß seiner Mutter gelegt.
14. Der heilige Leichnam Jesu wird in das Grab gelegt.

Palmzweig und Palmesel

Das Brauchtum des Palmsonntags hängt mit den gottesdienstlichen Palmprozessionen zusammen. Die Gläubigen stellen die »Palmzweige«, die sie dabei in Händen tragen, selbst her. Dabei werden als Schmuck ausgeblasene, bunt bemalte Eier und der immergrüne Buchs verwandt, beides Symbole des Lebens. Hier hat vorchristliches Frühlingsbrauchtum Eingang gefunden mit wachstumsfördernden und unheilabwendenden Motiven. Die in der Kirche gesegneten Palmen werden in Haus und Hof als Segenszeichen das Jahr über aufgestellt.
Die Figur des Palmesels hat die Fantasie angeregt. Wer am Palmsonntag als letzter vom Bett aufsteht, wird als »Palmesel« eventuell mit einer Handvoll Stroh geneckt.
Gebräuchlich ist in bezug auf das Evangelium vom Einzug Jesu in Jerusalem die Redensart geworden: »Erst Hosianna, dann Kreuzige!«

Gründonnerstagsbräuche

Das Brauchtum dieses Feiertages ist eng mit dem Gottesdienst (vgl. S. 61) verknüpft. Außer der zeichenhaften Ausübung der dienenden Liebe Christi in Gestalt der Fußwaschung durch den Priester ist als Besonderheit vor allem noch eine nächtliche Anbetung der in der Eucharistiefeier geweihten Hostien gebräuchlich. Diese Hostien werden in eine Nebenkapelle oder auf einen Seitenaltar gebracht und dort verehrt. In Anlehnung an das Evangelium bezeichnet man diese Andacht als Ölbergstunde.

Nach dem Gloria in der Messe am Gründonnerstagabend schweigen die Glocken und auch die Orgel bis zur Osternacht (»Fasten der Ohren«). Auch wenn die ursprüngliche Bedeutung des Namens dieses Tages nicht mit der Farbe Grün verbunden war, so wurden doch in vielen Gegenden am Gründonnerstag Speisen aus grünen Kräutern und Gemüsen zubereitet, die um diese Jahreszeit erstmals wieder kraftvoll aus der Erde wachsen.

Karfreitagsbräuche

Das mit dem Karfreitag verbundene Brauchtum ist dem Gedenken an das Leiden und den Tod Christi angemessen. Der Tag ist im ganzen durch Stille und Besinnung gekennzeichnet, durch die Betrachtung des Leidens anhand der biblischen Berichte, durch Nachdenken über Unrecht und Gewalt, menschliche Schuld und Grausamkeit. Alle Arten von Volksbelustigung und fröhliches Treiben werden als dem Gedenktag unangemessen empfunden.

Anstelle der Glocken lassen sich von manchen Kirchtürmen die schnarrenden Töne von Rätschen hören.

Teilweise ist auch im evangelischen Bereich Fasten und Enthaltsamkeit beim Trinken üblich; für die Kinder ist lärmendes Spielen als unpassend angesehen worden.

Der Besuch der Gottesdienste und die Teilnahme an der Feier des Abendmahles werden gerade an diesem Tag als besonders angezeigt erachtet. Passionsmusiken, insbesondere die Aufführung

der Passionen von J.S. Bach gehören zur Gestaltung des Karfreitags.
Üblich ist das nachdenkliche Begehen der Kreuzwege. Der Franziskanerorden, der seit 1219 als Wächter des Heiligen Grabes in Jerusalem bestellt war, hat sie zunächst bei seinen eigenen Klöstern errichtet. Vom 18. Jahrhundert an konnten Nachbildungen auch an anderen Stellen angebracht werden. So finden wir heute Kreuzwege besonders an Wallfahrtsorten, aber auch auf dem Weg zu Kapellen, oft an landschaftlich besonders schönen Stellen. Die 14 Stationen bieten bildliche Darstellungen, gemalte, geschnitzte oder in Stein gehauene, die zur Nachbetrachtung des Leidensweges Christi einladen.
Gerade in der altkirchlichen Gemeinde von Jerusalem boten sich schon aus lokalen Gründen besondere gottesdienstliche Begehungen an wie die erwähnte nächtliche Prozession zum Garten Getsemani. Zurückgekehrt in die Stadt, verlas man in der Kreuzkirche den Bericht vom Verhör Christi durch Pilatus und setzte den Weg dann fort, um an einer Säule, wo nach der Überlieferung Christus gegeißelt worden sei, Gebete zu verrichten. Wir erkennen hier den Ursprung eines Brauches, der noch heute zu Karfreitag in Jerusalem begangen wird: die Prozession auf der via dolorosa, dem schmerzensreichen Weg, dem Weg der Kreuztragung aus der Stadt hinaus nach Golgatha. Später, – von der Zeit der Kreuzzüge an ist es nachweisbar –, sind auf dem Weg von der Burg Antonia bis zur Stätte der Kreuzigung durch in Häuser eingemauerte Steine oder durch Säulenschäfte 14 Stationen des Kreuzweges gekennzeichnet worden. An ihnen hat man Andachten gehalten. Die fünf letzten Stationen befinden sich in der Grabeskirche.

Ostern

Der Sinn des Osterfestes ist die Feier der Auferstehung Jesu Christi von den Toten. Ein jährliches Osterfest ist am Ende des 2. Jahrhunderts in der christlichen Kirche allgemein verbreitet. Als Jahresfest ist es hervorgegangen aus der wöchentlichen Feier der Auferstehung des Christus am ersten Tag der Woche. Dieser Tag wurde von den Christen als »Herrentag« bezeichnet (1 Kor 16,2; Apg 20,7; Offb 1,10). Bei dieser wöchentlichen Feier konnte es nicht bleiben. Die Bedeutung des am Herrentag gefeierten Ereignisses verlangte nach einem großen Fest im Jahreszyklus, das schließlich in Anknüpfung an das jüdische Passafest entstand.

Der Name des Osterfestes ist irrtümlicher Weise auf eine germanische Frühlingsgöttin namens Ostara zurückgeführt worden, deren Vorkommen jedoch nicht belegt ist. Ein angelsächsischer Mönch namens Beda Venerabilis hat zu Beginn des 8. Jahrhunderts diese Vermutung in die Welt gesetzt.

Tatsächlich ist der Name des Festes auf andere Weise entstanden. Die traditionelle Bezeichnung der Osterwoche war damals »Albae paschales«. Hier ist noch der Zusammenhang mit dem jüdischen Passafest erkennbar. »Albae« bedeutet weiß (Mehrzahl) und spielte ursprünglich auf die weißen Gewänder der an Ostern neu getauften Christen an. Diese haben an den Frühgottesdiensten in der Osterwoche in weißen Kleidern teilgenommen. Nach dieser Gewohnheit wurde die Festzeit benannt.

Als die Franken das Christentum angenommen hatten, wurde der Begriff »Albae« mit dem germanischen Wort »austro« (Mehrzahl: »ostarum«) wiedergegeben. Diese Übersetzung beruhte wohl auf dem Mißverständnis, daß mit »Albae paschales« die Morgenröte, die österliche Morgendämmerung gemeint sei, in welcher die Ostererzählungen spielen. So kam Ostern zu seinem Namen.

Das Osterfest wird nicht an einem festen Datum gefeiert. Der Festtermin fluktuiert zwischen dem 22. März und dem 25. April. Er muß auf jeden Fall nach dem Frühlingsanfang liegen. Das Konzil von Nicäa (325 n. Chr.) hat ihn auf den ersten Sonntag nach dem auf den Frühlingsbeginn folgenden Vollmond festgelegt. Im Unterschied zum Weihnachtsfest, dessen Datum nach dem Sonnenjahr ausgerichtet wurde (Wintersonnenwende), variiert also der Termin des Osterfestes nach dem Mondzyklus.

Nach den Berichten der Evangelien geschah die Auferweckung des gekreuzigten Jesus von den Toten am ersten Tag der Woche, also am Tage nach dem Sabbat. Für die Christen wurde infolgedessen dieser Tag – der Sonntag – der eigentliche, für ihren Glauben grundlegende und kennzeichnende Feiertag. Er verdrängte den Sabbat, welcher nach alter Schöpfungslehre (1. Mose 2,3) den siebten und abschließenden Tag der Woche darstellt.

Der christliche Gedenktag der Auferstehung ist jedoch der erste Tag der Woche. Dies markiert einen tiefgreifenden Unterschied im Zeitverständnis: Während der Sabbat als Feier des Abschlusses des Schöpfungswerkes begangen wird, stellt der christliche Herrentag als erster Tag der Woche den Beginn eines neuen Äons, der messianischen Zeit, dar.

Die früheste Form der Feier der Auferstehung war vermutlich eine Abendmahls- bzw. Eucharistiefeier am Sonntag noch vor Sonnenaufgang, entsprechend dem in den Evangelien geschilderten Hergang der Ostereignisse (vgl. z. B. Mk 16,1-8).

Plinius der Jüngere, Statthalter von Bithynien, hat um 111/113 n. Chr. eine Anzahl Christen verhaften lassen und in den Verhören festgestellt, daß sie sich an einem bestimmten Tag vor Sonnenaufgang versammeln und für Christus, ihren Gott, einen Hymnus singen. Diese Art der österlichen Feier, deren Gestaltung im einzelnen nicht mehr feststellbar ist, wird später von Bischof Cyprian von Karthago (ca. 210 bis 258) bestätigt, wenn er schreibt: »Wir feiern die Eucharistie als Morgenopfer, obwohl sie am Abend eingesetzt worden ist, weil wir damit die Auferstehung des Herrn begehen«.

Die Bezeichnung des christlichen Auferstehungsfeiertages, des Herrentages, als *Sonntag* kam dadurch zustande, daß schon in der alten Kirche nach und nach die Benennung der Wochentage nach den Planeten in Abweichung vom jüdischen Brauch, die Tage einfach durchzunumerieren, aufgenommen wurde. Der erste Tag der Woche war der »dies solis«, der Tag der Sonne.

Was die Jahresfeste anging, hielt sich die christliche Gemeinde, solange sie hauptsächlich im Schoße der jüdischen Religion exi-

stierte, an deren Feste. Eine hervorragende Bedeutung kam dem Passafest zu, weil nach christlicher Überlieferung Jesus im Umkreis dieses Festes gestorben und auferstanden war.
Die Symbolik des Passalammes erwies sich als sehr geeignet, mit diesem jüdischen Fest das Gedenken des Todes Jesu zu verbinden. In der auf das Passafest folgenden Nacht versammelten sich die Christen zum österlichen Gottesdienst, die im christlichen Glauben unterwiesenen Taufbewerber (Katechumenen) wurden getauft, beim Aufgang der Sonne feierte man mit Jubel die Auferstehung Christi.
Zunächst wurde Ostern nur in der Nacht bis zum Morgen hin gefeiert. Einen weiteren Gottesdienst gab es an diesem Tag nicht. Später kam eine zweite Eucharistiefeier am Sonntagmorgen hinzu.
Mit dem Osterfest begann die fünfzigtägige österliche Freudenzeit, die bis Pfingsten dauert. Am 40. Tag dieser Festperiode wird die Himmelfahrt Christi gefeiert.
Im 2. Jahrhundert entstand zwischen den kleinasiatischen Gemeinden und den Christen in Rom ein Streit wegen des *Ostertermins*. Die Kleinasiaten hielten sich an die jüdische Gewohnheit und feierten am 14. Nissan, gleichgültig auf welchen Wochentag er fiel, das Osterfest. Der römische Bischof Viktor verlangte 190 n. Chr. in einem Rundschreiben, daß die Kleinasiaten dem römischen Brauch folgen und akzeptieren sollen, daß der Ostertermin ein Herrentag, d.h. ein Sonntag, sein müsse, und zwar der auf den 14. Nissan folgende. Die Einigung gelang nicht. Die Kleinasiaten beharrten auf dem 14. Nissan, weshalb sie als »Quartodezimaner« bezeichnet werden. Erst auf dem Konzil von Nicäa (325 n. Chr.) verständigte sich der Westen und der Osten über den Termin des Osterfestes.
Die Feier der Osternacht war der wichtigste Gottesdienst im ganzen Jahr. Erstaunlicherweise wurde dieser Gottesdienst im Mittelalter immer weiter vorverlegt, bis er schließlich sogar am Morgen des Karsamstag begangen wurde, im wesentlichen nur noch von den Klerikern. Dies war eine bedauerliche Fehlentwicklung, die erst in unserem Jahrhundert durch die Liturgische Bewegung in der katholischen Kirche korrigiert worden ist. Dies geschah in den fünfziger Jahren und hat sich auch im evangelischen Bereich anregend

ausgewirkt. Auch hier gibt es jetzt Gemeinden, welche die Feier der Osternacht begehen.
Eine eigenartige Gewohnheit stellt das sog. *Osterlachen* (risus paschalis) dar. Im Spätmittelalter und dann vor allem wieder in der Zeit des Barock gehörte es zum österlichen Predigtstil, den Tod als besiegten Feind zu verspotten. Die Gemeinde antwortete auf den Spott des Predigers mit lautem Lachen. Dabei wurde auch derbe Späße nicht verschmäht, später aber eher lustige, unterhaltsame und für geistliche Themen lehrreiche Geschichten erzählt.

Die biblischen Überlieferungen zum Osterfest

Die älteste Osterüberlieferung im Neuen Testament findet sich im 1. Korintherbrief (15,3-7) ca. aus den Jahren 52 – 55 n. Chr. Sie ist äußerst konzentriert gefaßt, formelhaft, prägnant wie ein Stück Katechismus.
Erzählerisch sind dagegen die Darstellungen in den Evangelien. Die älteste Fassung steht in Mk 16,1-8 (parallel dazu Mt 28,1-10 und Lk 24,1-10). Dort wird erzählt, daß Frauen aus dem Jüngerkreis Jesu in der Frühe des ersten Tages der Woche, am dritten Tage nach der Kreuzigung und Grablegung Jesu, die in Eile ohne die gehörige Salbung des Toten hatte stattfinden müssen, zu seinem Grabe gingen, um das Versäumte nachzuholen. Sie finden den Grabstein weggewälzt und das Grab leer. Ein Engel deutet ihnen diese Situation: »Er ist auferstanden, er ist nicht hier.« (Mk 16,6).
Weitere wichtige Ostererzählungen der Evangelien sind:
- Die Emmausjünger (Lk 24,13-35)
- Erscheinungen Jesu im Kreise seiner Jünger (Lk 24,36-49; Joh 20,19-23)
- Simon Petrus und der andere Jünger finden das Grab leer (Joh 20,1-10)
- Jesus erscheint Maria Magdalena (Joh 20,11-18)
- Die Erscheinung vor dem ungläubigen Thomas (Joh 20,24-31)
- Der Auferstandene erscheint seinen Jüngern am See Tiberias (Joh 21,1-23)

Berühmt ist das 15. Kapitel des 1. Korintherbriefes, in dem Paulus ausführlich das Thema der christlichen Auferstehungshoffnung behandelt.
Der Ostersonntag bildet den Abschluß und den Höhepunkt einer dreitägigen Festzeit: Karfreitag, Karsamstag und der Ostersonntag bilden zusammen eine heilige Zeiteinheit, das *Triduum sacrum*, die heiligen drei Tage.
Der erste Tag, nach jüdischem Brauch beginnend mit dem Vorabend, also dem Gründonnerstagabend, ist geprägt von den dramatischen Ereignissen der Passion und führt hin zu der Ruhe des Todes Christi (»Es ist vollbracht!« Joh 19,30). Der mittlere Tag ist ohne Ereignis, wie eine Atempause, ein Tag der Besinnung. Der dritte Tag beginnt wiederum mit einem dramatischen Geschehen: mit der Auferstehung, bzw. der Entdeckung des leeren Grabes und der Verkündigung des Engels, mit dem Wendepunkt, auf den das dreitägige Geschehen zusteuert.

Brauchtum

Das Osterfest wird mit einem fröhlichen Gottesdienst in der Kirche begangen. Die Lesung der Ostergeschichte steht im Mittelpunkt, außerdem die Osterpredigt. In österlichen Liedern wird das Ereignis des Ostertages besungen. Auch in der evangelischen Kirche erklingt sehr häufig das Halleluja, das in der alten liturgischen Tradition auf die österliche Freudenzeit beschränkt war.
Ein Nachklang und eine Variante des Osternachtgottesdienstes dürfte in der evangelischen Kirche die in vielen Gemeinde gebräuchliche *Osterfeier auf dem Friedhof* sein. Zu früher Stunde versammeln sich die Gemeindeglieder auf dem Friedhof, um gerade an diesem Ort die Osterbotschaft zu hören und zu besingen. Eine gute Möglichkeit ist ein daran sich anschließendes *Osterfrühstück* im Gemeindehaus.
Im Gefolge der liturgischen Bewegung in der katholischen Kirche und der Erneuerung der Osternachtfeier wurde diese Gottesdienstform auch teilweise in evangelischen Kirchen aufgegriffen.

Die *Feier der Osternacht* wird in vier Abschnitten begangen: Das Entzünden der Osterkerze eröffnet die Feier. Schweigend versammelt sich die Gemeinde zu nächtlicher Stunde außerhalb der Kirche, wo das Osterfeuer entfacht wird. An ihm wird die Osterkerze entzündet, die beim Einzug der Gemeinde in die dunkle Kirche vorangetragen wird. Von ihr erhalten alle Kerzen der Gottesdienstbesucher ihr Licht. Danach wird der Lobgesang auf die Osternacht gesungen (»O Licht der wunderbaren Nacht, uns herrlich aufgegangen«).

Der zweite Abschnitt der Osternachtfeier ist der ausführliche Wortgottesdienst, in dem sieben Lesungen aus dem Alten Testament vorgetragen werden, unter ihnen die symbolisch auf die Rettung aus dem Tod gedeutete Geschichte vom Durchzug der Israeliten durch das Rote Meer (2. Mose 14).

Auf den Wortgottesdienst folgt die Tauffeier mit der Litanei der Osternacht, der Segnung des Taufwassers, mit dem nach der Taufe auch die versammelten Gläubigen besprengt werden.

Den Abschluß bildet die Feier der Eucharistie mit den Neugetauften zusammen. Bei dieser Eucharistiefeier kann auch eine *österliche Speisesegnung* vorgenommen werden. Nach der langen Fastenzeit werden Speisen wie Fleisch, Käse und Eier für das häusliche Ostermahl gesegnet. Das aus der Kirche mitgebrachte Osterlicht steht bei diesem Ostermahl auf dem Tisch. Es gibt auch den Brauch, dieses Osterlicht auf die Gräber von Angehörigen zu bringen.

Als Abendgottesdienst kann am Osterfest die *Ostervesper* gehalten werden, die in manchen Gebieten seit dem Mittelalter bezeugt ist. Sie ist verbunden mit dem Thema Taufe und kann Prozessionen zur Taufkapelle oder zum Taufbrunnen einschließen.

Das Osterei

Ganz oben auf der Liste des Brauchtums zum Osterfest steht unangefochten das Osterei. Noch bevor man als Kind Geschichten auffassen kann, ist es möglich, Bekanntschaft mit dem Osterei zu schließen.

Man kann mit den Augen seine Buntheit genießen. Man kann es selbst bemalen. Man kann Ostersträuße damit schmücken, den Ostertisch damit dekorieren. Man kann es auf der Wiese werfen und dabei seine Festigkeit auf die Probe stellen. Man kann seine wunderbare Form mit der Hand erfühlen. Aufessen kann man es auch und sich damit stärken. Aber vor allem: man kann es verstekken und suchen.

An den Kindern können wir beobachten, daß *Suchen und Finden* ein hochbedeutsamer Vorgang ist in unserem menschlichen Dasein. Sie haben es zu einem Spiel gemacht. Sie genießen es, wenn die Eltern sich zum Spaß verstecken. Sie können Jahr für Jahr an Ostern nach Sitte und Brauch mit anderen zusammen das Suchen und Finden feiern.

Was hier spielerisch sichtbar wird, ist ein Grundvorgang des Lebens. Wir suchen, jeder auf seine Weise, Freude an unserem Dasein. Wir suchen das Glück, uns selbst, und wir sind auf der Suche nach Gott. Das Suchen spielt auch in der Ostererzählung der Evangelien eine zentrale Rolle. Als die drei Frauen in der Morgendämmerung an das Grab Jesu kamen, sagte der Engel zu ihnen: »Ihr sucht Jesus von Nazaret, den Gekreuzigten. Er ist auferstanden, er ist nicht hier. Siehe da die Stätte, wo sie ihn hinlegten.« (Mk 16,6). Der Engel weist sie weg vom Grab, wo sie den lebendigen Christus nicht finden können. Er schickt sie zurück dorthin, wo sich ihr Leben abspielt; dort wird er sich ihnen als der Lebendige zeigen.

Das Motiv des Suchens und Findens spielt in den Gedanken und in dem Verhalten Jesu eine wichtige Rolle. Mit seinem Wort »Suchet, so werdet ihr finden« (Mt 7,7) bestärkt er diese wertvolle Energie, ermutigt dazu, das Dasein nicht verkümmern oder sogar ersticken zu lassen in Gewohnheiten, im Trott des Immer-Gleichen. Ein Brauch wie der des Ostereiersuchens erinnert an die Kraft und Dynamik der Hoffnung, die auf die noch unbekannten Möglichkeiten setzt, die noch verborgen sind in dem gewohnten Lauf der Dinge und unter den uns jeweils bekannten Umständen. Sie haben nicht das letzte Wort.

Das Ei ist bekanntlich für die Entstehung neuen Lebens von grundlegender Bedeutung. In den Vorstellungen der Inder ist es zum Sinn-

bild des Weltganzen geworden. Sie sahen Erde und Himmel als die beiden Hälften eines großen Eies an. In vorchristlichen Frühlingsfesten spielte das Ei eine wichtige Rolle: Pflanzenwelt und Tiere erwachen zu neuem Leben. Wachstum stellt sich ein; es wird gebrütet und neues Leben kommt zur Welt.
Daher war des Ei in hohem Maße geeignet, auch ein wichtiges Symbol für das christliche Osterfest zu werden. »Wie der Vogel aus dem Ei gekrochen, hat Jesus Christ das Grab zerbrochen.«
Daß das Osterei im Brauchtum des Festes eine so zentrale Rolle spielen konnte, geht auf ein Gesetz aus dem frühen Mittelalter zurück. Es bestimmt, daß der Zins für Grund und Boden in Form von Eiern entrichtet werden mußte, den sog. ›Zinseiern‹. Stichtag für ihre Entrichtung war Ostern. Im Jahre 1230 hört man zum ersten Mal von bemalten Eiern. Der Dichter Freidank erwähnte sie in einem Lied über die Bescheidenheit. Es dauerte freilich Jahrhunderte bis der Brauch des Bemalens von Ostereiern allgemeine Verbreitung gefunden hat. Seit dem 17. Jahrhundert ist dies der Fall. Zum Teil wurden die Eier auch prächtig verziert, sogar mit ›Perlen, Kleinodien und Edelgestein‹, wie es in einer Osterpredigt aus dieser Zeit erwähnt wird.
Peter Rosegger berichtet in seiner Erzählung »Als ich Eierbub gewesen« von Bräuchen mit Ostereiern. Seine Mutter besaß drei Hühner, die sie über den Winter bringen mußte: »Also war es ihr stets gelungen, die Hühner zu behaupten, bis sie im März wieder anfingen Ostereier zu legen. Diese wurden als Erstlinge rot gefärbt und dann verschenkt an arme Kinder, die von Hof zu Hof gingen, um Ostereier zu sammeln, und an die Dienstmägde, die mit solchen Eiern wieder junge Burschen erfreuten. In manchen Gegenden bedeutet es geradezu eine Liebeserklärung, wenn das Mädel dem Buben ein rotes Osterei schenkt. Das berechtigt den Burschen übrigens einzig nur, des Abends manchmal ans Fensterlein zu kommen, um ihr ›Gute Nacht‹ zu sagen. Die Burschen pflegen die geschenkten Eier zu benützen, um untereinander zu ›dutschen‹. Da werden die Spitzen der Eier aneinander gedupft; der, dessen Ei ganz bleibt, hat das zerbrochene damit gewonnen, es wird sofort verzehrt. Ein anderes Eierspiel besteht darin, daß einer das rote Ei hin-

hält, es mit der geschlossenen Hand soweit verdeckend, daß nur eine kleine Fläche offen bleibt. Ein anderer schleudert nun zielend eine kleine Münze darauf hin. Trifft diese die Fläche und bleibt sie im Ei stecken, so gehört es ihm, trifft die Münze nicht, so gehört diese dem Eigentümer des Eies. Ein weiteres Gesellschaftsspiel ist das Eiersuchen. Die Mädchen verstecken Eier in Winkeln, unter Stroh, Busch und dergleichen und die Burschen müssen dann suchen. Wer eins findet, glaubt bisweilen nicht bloß Eigentümer des Eies zu sein, sondern auch derselben, die es versteckt hat. Sie meldet sich aber nur im Falle der Bursche recht nett ist. Ansonsten will keine hinter dem gefundenen Ei stehen und der Finder ›ist der Narr, frißt den Dotter samt dem Klar‹«.

Der Osterhase

Neben dem Ei steht der Hase in enger Verbindung zu Ostern. Darüber ist beinahe ganz in Vergessenheit geraten, daß dieses Tier schon vorher in der christlichen Symbolik und Bildersprache in mancherlei Bedeutung vorgekommen ist. Die Schnelligkeit seines Fliehens hat ihn zu einem Sinnbild der flüchtigen Zeit und des kurzen Menschenlebens werden lassen. Hauptsächlich in der altchristlichen Grabkunst ist er in diesem Sinne zu sehen.

»Caninichen ein schwach volck. Dennoch legts sein haus in den Felsen«, lautet in Luthers Bibelübersetzung Spr 30,26. Diese Aussage bezogen schon die Kirchenväter auf die Heiden und Sünder, die ihre Zuflucht zu dem geistlichen Felsen Christus nehmen. In eine ähnliche Richtung gehen mittelalterliche Jagdszenen, in denen der Teufel als Jäger und die verfolgten Seelen als Hasen dargestellt werden.

Hasen galten wegen ihrer nächtlichen Aktivität als Mondtiere. In der romanischen Baukunst haben sie einen Bezug zum Mond und seinem Licht. Weil das Osterfest sich nach dem Mondzyklus richtet, kann auch von daher ein Bezug des Hasen zu diesem Fest hergestellt werden. Daß sie außerdem ein Sinnbild der Fruchtbarkeit geworden sind, nähert sie ebenfalls dem auf neues Leben ausgerichteten Osterfest an. Dabei stört es nicht einmal, daß sie nebenbei auch zum Symbol lasterhafter Lust herhalten mußten – Tiersymbole sind oft ambivalent. Am deutlichsten aber bringt den Hasen in Verbindung mit dem Osterfest, daß es Darstellungen gibt, wo ein bergan laufender Hase zum Hinweis auf den auferstandenen Christus wird.

Die Vorstellung des Osterhasen ist erst seit dem Ende des 17. Jahrhunderts nachweisbar. In einem 1682 von Georg Frank in Heidelberg herausgegebenen Buch ist zu lesen, in einigen Gegenden Deutschlands sei der Glaube verbreitet, der Osterhase lege die Ostereier, er verstecke sie in den Gärten und Wiesen, damit sie von den Kindern dort gesucht werden. Dieses Spiel ist bis in unsere Zeit lebendig geblieben. Daß der Hase und die Eier auf eine etwas unnatürliche Art miteinander verbunden sind, weil Hasen bekanntlich keine Eier legen, stört die Kinder zunächst wenig. Er ist es jedenfalls, der sie bemalt, herbringt und versteckt. Auf diese Weise wird er seinem Charakter als Tier der Nacht, als Mondtier gerecht. Vor allem aber ist seine Fruchtbarkeit zu bewundern und verschafft ihm Eignung als Symboltier des Osterfestes.

Das Osterlamm

Das Symbol des Osterlamms hat seine Wurzel in der biblischen Tradition. Das Lamm ist als Opfertier beim Passafest besonders hervorgehoben. Die Schlachtung des Passalammes geht auf Hirtenbrauchtum zurück, dessen Ursprung noch in vorbiblischer Zeit liegt. Das Blut des geschlachteten Lammes hatte eine Schutzfunktion für die Herde. Es sollte sie vor dämonischen, unsichtbaren Bedrohungen und gefährlichen Einflüssen bewahren. In Israel ist dieses uralte Hirtenritual hineingenommen worden in eine geschichtliche Erfahrung, die für dieses Volk von überragender Bedeutung ist: die Befreiung aus der Knechtschaft in Ägypten. Die Überlieferungen von dieser dramatischen Periode sind nachzulesen im 2. Buch Mose (Exodus). Das 12. Kapitel berichtet, daß das Blut der Passalämmer ein Schutzzeichen für die Häuser der Israeliten gewesen sei, damit die tödliche Bedrohung an ihren Wohnungen vorüberging (2. Mose 12,13). An die Stelle der schutzbedürftigen Tierherden, von denen die Existenz der Hirtenstämme abhing, traten jetzt die Menschen, genauer: das Volk Israel. Das Passalamm ist verbunden mit dem großen Geschehen der Erlösung des Volkes Israel aus dem Elend der Unfreiheit.

In der urchristlichen Gemeinde ist das Bild des Lammes auf Jesus Christus übertragen worden. »Auch wir haben ein Passalamm, das ist Christus, der geopfert ist«, schreibt Paulus im 1. Korintherbrief (5,7) und proklamiert im selben Atemzug eine neue Weise des Feierns des Passafestes: »Darum laßt uns das Fest feiern nicht im alten Sauerteig der Bosheit und Schlechtigkeit, sondern im ungesäuerten Teig der Lauterkeit und Wahrheit« (1 Kor 5,8). Die Verwandlungen dieses Symbols sind erheblich, je nachdem ob wir es im Zusammenhang eines uralten Hirtenrituals oder des jüdischen Passafestes oder beim christlichen Osterfest antreffen.

Weil das Lamm als Opfertier auf den Tod verweist, müßte es eigentlich eher seinen Platz am Karfreitag haben. In Passionsliedern wird es tatsächlich oft besungen und in Texten wird das Sterben Jesu Christi unter Verwendung der Opferlamm-Symbolik gedeutet. Wir können davon ausgehen, daß das Gedenken an Tod und Auferstehung Jesu bei den ersten Christen zunächst an ein- und demselben Tag begangen wurde. Schon bald wird in der christlichen Theologie von dem in den Himmel erhöhten und herrschenden Lamm erzählt. Besonders in der Offenbarung Johannes ist dies der Fall (Offb 22,3. 14,1ff. 12,10f. 5,12). Damit ist die Grundlage dafür geschaffen, daß das Symbol des Lammes nicht mehr allein an den Tod erinnert, sondern sehr gut in den Zusammenhang des Osterfestes paßt. Auf österlichen Bildern ist Christus häufig dargestellt als Lamm mit einer Siegesfahne.

Daß Ostern in der Tradition des Passafestes verwurzelt ist, in dem Jahr für Jahr die Befreiung eines versklavten Volkes gefeiert wird, mag mit beigetragen haben zu Osterbräuchen, die in der christlichen Gemeinde geübt wurden, als sie bereits zur römischen Staatsreligion geworden war: Zu Ostern sind Sklaven freigelassen worden, Straffällige konnten begnadigt werden, Arme wurden bewir-

tet, Geschäftemachen war verboten und die Schauspiele waren geschlossen. Das Fest dauerte damals acht Tage.
Papst Leo I. (440-461) sagte in einer Predigt zum Osterfest: »Auch soll die strenge Herrschaft über unsere Untergebenen gemildert und die Rache für ein Vergehen aufgehoben werden. Freuen mögen sich die Schuldigen ..., da unter der Herrschaft frommer und gottesfürchtiger Fürsten auch die harten öffentlichen Strafen nachgelassen werden. Aufhören möge aller Haß und jede Eifersucht. Wachsen soll der Sinn für Eintracht und für Barmherzigkeit. Und wer sich nicht scheute, sich durch böse Handlungen zu beflecken, der strebe danach, sich durch Wohltätigkeit rein zu waschen.«

Österliche Mysterienspiele

Aus der liturgischen Feier des Osterfestes sind österliche Mysterienspiele hervorgegangen. Vergleichbar den Weihnachtskrippen, die wir in vielen Kirchen in der Weihnachtszeit aufgebaut finden, wurde in der Karwoche auf einem Seitenaltar das Heilige Grab in einer Grotte dargestellt. Auf dem Altar brennt am Karfreitag keine Kerze, die Glocken werden nicht geläutet, das Tabernakel, in welchem die geweihten Hostien – Gegenwart Christi – aufbewahrt sind, ist leer zum Zeichen dafür, daß Christus gestorben ist und begraben. In der Nachbildung des Heiligen Grabes befindet sich die Hostie in einer verhüllten Monstranz zusammen mit einem Kruzifix. Von dort werden sie in der Osternacht in feierlicher Prozession geholt und zum Hochaltar gebracht. Auf diese Weise wurde im österlichen Frühgottesdienst die Auferstehung dargestellt. In die Prozession vom Heiligen Grab zum Hochaltar konnten allerlei Zeremonien und Szenen eingefügt werden, wie z. B. die Höllenfahrt Christi, sein Kampf mit dem Satan oder der Besuch der Frauen am Grab am Ostermorgen und der Dialog des Engels mit ihnen. Solche aus den liturgischen Ordnungen der Osterfeier hervorgegangenen Mysterienspiele sind teilweise bis in das 18. Jahrhundert hinein gespielt worden. Aus den neutestamentlichen Ostererzählungen sind weitere Szenen hinzugekommen. So spielte man den Wettlauf der bei-

den Jünger zum Grab (Joh 20,3-10) und die Begegnung Maria Magdalenas mit dem auferstandenen Christus, den sie für den Gärtner hält, nach der Erzählung Joh 20,11-18.
In die Tradition des Nachspielens neutestamentlicher österlicher Erzählungen gehört auch, allerdings auf weniger kunstvolle Weise, der Osterspaziergang, der »Emmausgang«. Wie diese Bezeichnung deutlich macht, bezieht er sich auf die Geschichte von den beiden Emmausjüngern (Lk 24,13-35). Am Ostermontag begingen die Bauern ihre Felder und schauten, was sich im Frühling dort an neuem Leben und Wachstum entwickelt. Anschließend kehrten sie in einem Gasthaus ein, um dort gemeinsam am Tisch zu sitzen. Zweifellos eine säkularisierte Gestalt der Tisch-Szene aus der Emmaus-Erzählung.

Osterwasser

Anderes Osterbrauchtum knüpft an kirchliche Gewohnheit und Symbolik an. Das Osterfest war der wichtigste Tauftermin für die Katechumenen. In der Osternacht sind sie getauft worden. Über dem zur Taufe gebrauchten Wasser wurden Gebete gesprochen; es mußte geweiht werden. Diesem Wasser wurde eine besondere Bedeutsamkeit zuerkannt. Es galt als Lebenssymbol. Auf diesem Hintergrund ist der Brauch des Osterwasserholens zu verstehen. Die jungen Mädchen gingen vor Sonnenaufgang zu einer Quelle, um Wasser zu schöpfen. Dabei durfte kein Wort gesprochen werden. Dieses Wasser sollte Heilkraft besitzen und zu besonderer Schönheit verhelfen. Mit kleinen grünen Zweigen besprengte man damit die, denen man Gesundheit und Schönheit wünschte.

Osterlicht und Osterfeuer

Für das Osterfest hat die Lichtsymbolik eine große Bedeutung. Die alten Ostererzählungen spielen in der ersten Frühe des Tages zur Stunde der Morgendämmerung und des Sonnenaufganges.

Die Osterkerze und der Osterleuchter erinnern an die Bedeutung des Lichtes für das Fest. Osterleuchter sind oft höchst kunstvoll gestaltet worden. Die Osterkerzen werden am Karsamstag geweiht und brennen bei der Eucharistiefeier bis zum Himmelfahrtsfest, also in den 40 Tagen, welche nach den lukanischen Schriften die Zeit der Erscheinung des Auferstandenen vor seinen Jüngern markieren.
Das Licht als Symbol für Christus kennen wir besonders aus dem Johannes-Evangelium: »Ich bin das Licht der Welt« (Joh 8,12) Im Zusammenhang damit ist auch die Ausrichtung der Kirchen nach Osten hin (»Ostung«) zu verstehen. Sie bewirkt, daß der Priester bei der Feier des Gottesdienstes vor dem Altar stehend sein Gesicht der aufgehenden Sonne zuwendet.
In manchen Gegenden wird in der Osternacht das Osterfeuer entzündet und auf diese Weise der Sieg des Lichtes über die Finsternis dargestellt. Feuer ist das vorrangige Element zur Darstellung des Göttlichen. Dafür gibt es auch in der Bibel etliche Beispiele, angefangen beim Erscheinen Gottes vor Mose im brennenden Dornbusch (2 Mose 3) bis hin zu den feurigen Augen des erhöhten Christus, wie er in der Offenbarung des Johannes (1,14) geschildert wird. Gleichzeitig ist das Feuer eine verzehrende Kraft und eignet sich deswegen besonders zur Demonstration des österlichen Gedankens und der österlichen Hoffnung auf Verwandlung und Umgestaltung von einem Zustand in einen völlig anderen – für die sinnbildliche Darstellung der Auferstehung.

Ostermärsche

In den 60er Jahren sind die *Ostermärsche* entstanden. Christen treffen sich mit anderen Teilen der Friedensbewegung am Osterfest, um auf der Straße kundzutun, daß das Ostergeschehen und der Auferstehungsglaube sich nicht nur auf ein jenseitiges Leben beziehen, sondern eine verändernde Kraft für das politische und gesellschaftliche Leben darstellen. Bei den Ostermärschen spielt das Thema »Frieden« die zentrale Rolle. Protestiert wird hauptsächlich gegen die politische Doktrin und Praxis gegenseitiger Abschrekkung und die Bedrohung mit Massenvernichtungsmitteln, gegen eine politische Kultur auf der Basis des Todes, gegen Waffenproduktion und Waffenhandel.

Entwurf für ein Osterlied

Die Erde ist schön, und es lebt sich
leicht im Tal der Hoffnung.
Gebete werden erhört. Gott wohnt
nah hinterm Zaun.

Die Zeitung weiß keine Zeile vom
Turmbau. Das Messer
findet den Mörder nicht. Er
lacht mit Abel.

Das Gras ist unverwelklicher
grün als der Lorbeer. Im
Rohr der Rakete
nisten die Tauben.

Nicht irr surrt die Fliege an
tödlicher Scheibe. Alle
Wege sind offen. Im Atlas
fehlen die Grenzen.

Das Wort ist verstehbar. Wer
Ja sagt, meint ja, und
Ich liebe bedeutet: jetzt und
für ewig.

Der Zorn brennt langsam. Die
Hand des Armen ist nie ohne
Brot. Geschosse werden im Flug
gestoppt.

Der Engel steht abends am Tor. Er
hat gebräuchliche Namen und
sagt, wenn ich sterbe:
Steh auf.

Rudolf Otto Wiemer

Die Osterwoche

Eine achttägige Feier des Osterfestes ist bereits im 3. und 4. Jahrhundert aus Jerusalem bekannt. Sie wurde mit täglichen Gottesdiensten in der Himmelfahrtskirche begangen, zu denen jeweils die Prozession zur Auferstehungskirche gehörte. Diese achttägige Festzeit hat sich bis ins Mittelalter erhalten. Im Jahre 1094 wurde sie auf drei Tage verkürzt.
In der Reformationszeit ist nur noch von einem zweiten Feiertag die Rede. Eine einheitliche, in allen Territorien und Städten gültige Feiertagsordnung existierte ohnehin nicht. Zu Beginn des 18. Jahrhunderts wurde in Tübingen noch der dritte Osterfeiertag (wie auch ein dritter Pfingstfeiertag) mit einem Predigtgottesdienst begangen. Heute wird noch allgemein der Ostermontag als zweiter Osterfeiertag eingehalten.

Der Weiße Sonntag

Die Osterwoche (Osteroktav) schließt mit dem sog. »Weißen Sonntag«, der in der katholischen Kirche in der Regel als das Fest der feierlichen Erstkommunion begangen wird. Dies ist erst im 17./18. Jahrhundert üblich geworden.
Der Sonntag hat seinen Namen dadurch erhalten, daß die am Osterfest neugetauften Christen bis zu diesem Sonntag in ihren weißen Taufkleidern an der Eucharistiefeier teilgenommen haben. Am Sonntag nach Ostern legten sie die weißen Gewänder ab. Die ganze Woche wurde wegen dieser Taufgewänder »Weiße Woche« genannt (hebdomada in albis), der abschließende Sonntag »Weißer Sonntag« (dominica in albis).

Die Zeit zwischen Ostern und Pfingsten: Österliche Freudenzeit

Zwischen den beiden großen Festen liegen sechs Sonntage, die nach evangelischer Kirchenordnung lateinische Namen tragen. Die katholische Kirche spricht von den sieben Sonntagen der Osterzeit und rechnet dabei das Osterfest selbst als den ersten Sonntag der Reihe mit. Beide feiern in der Liturgie dieser Freudenzeit die Auferstehung.

Nach *katholischer* Ordnung gehören zu diesen Sonntagen Evangelientexte aus Johannes (1. Sonntag: Joh 20,1-9; 2. Sonntag: Joh 20,19-31; 3. Sonntag: Joh 21,1-19; 4. Sonntag: Joh 10,1-10; 5. Sonntag: Joh 14,1-12; 6. Sonntag: Joh 14,15-21; 7. Sonntag: Joh 17,11b-19). Die erste Lesungsreihe ist fortlaufend aus der Apostelgeschichte entnommen und stellt der Gemeinde auf diese Weise die nachösterliche Ausbreitung des Evangeliums und der Kirche vor Augen.

Die Prägung dieser Sonntage in der *evangelischen* Kirche wird durch ihre lateinischen Namen und die mit ihnen verbundenen Themen und Bibeltexte verdeutlicht.

Der erste Sonntag heißt *Quasimodogeniti*, zu deutsch: »wie die neugeborenen Kinder« (1 Petr 2,2). Dieser Name läßt noch die besondere Beziehung dieses Sonntags zur Taufe und zur Situation des Neuanfangs der an Ostern Getauften erkennen.

Der zweite Sonntag ist der Sonntag »Vom guten Hirten«. Er heißt *Miserikordias Domini* (»die Erbarmungen des Herrn«, Ps 33,5). Haupttext ist die Rede vom guten Hirten in Joh 10.

Der dritte Sonntag wird *Jubilate* genannt nach Ps 66,1: »Jauchzet Gott, alle Lande!« Grundthema des Sonntags ist die Bildrede von Christus als dem Weinstock in Joh 15.

Der Name des 4. Sonntags ist dem Anfang des 98. Psalms entnommen: *Kantate* (»Singet dem Herrn ein neues Lied!«). Er wird besonders auch als ein Sonntag der Kirchenmusik angesehen. Alle mit ihm verbundenen Texte haben einen Bezug zum Thema »Singen«.

Der 5. Sonntag ist dem Thema »Gebet« gewidmet. Er heißt *Rogate* (»Betet/Bittet«). Als religions- und kirchengeschichtlicher Hintergrund dieses Sonntages kommen vorchristliche Bittprozessionen

in Frage, die im Frühling zugunsten des Gedeihens und der Fruchtbarkeit veranstaltet worden sind. Im 4. Jahrhundert n. Chr., als die christliche Kirche Staatskirche des römischen Reiches wurde, sind Bittprozessionen eingeführt worden, die heidnische Bräuche dieser Art ersetzen und verdrängen sollten. Rogate ist der Sonntag vor Christi Himmelfahrt. An den drei Werktagen zwischen Rogate und Christi Himmelfahrt sind nach alter Überlieferung schon vom 5. Jahrhundert an Buß- und Bittprozessionen durchgeführt worden. Die Texte des Sonntags widmen sich allesamt dem Thema »Beten«; insbesondere das Vaterunser ist eines der Themen.
Der letzte Sonntag vor dem Pfingstfest wird *Exaudi* genannt: »Erhöre« (Ps 27,7: »Herr, höre meine Stimme!«). Es ist eine Bitte, die ausgerichtet ist auf Pfingsten und das Kommen des Heiligen Geistes. Haupttext ist Joh 15,26 – 16,4.

Maiandachten

In die österliche Freudenzeit fallen die Maiandachten, ein Bestandteil katholischer Volksfrömmigkeit. Wie der Rosenkranzmonat Oktober ist der Mai ganz besonders der Marienverehrung gewidmet. Hier wurden vermutlich vorchristliche Mai- und Frühlingsfeiern christianisiert, und die Freude über das Wachsen und Blühen der Natur wird Maria als der Maienkönigin entgegengebracht.
Im Mittelalter entstanden die täglichen Marienandachten im Monat Mai und fanden im 19. Jahrhundert allgemeine Verbreitung. Auch in der christlichen Kunst zeigt sich, daß Maria viele Symbole aus der Natur zugeordnet werden: zum Beispiel das Ährenkleid, die Rose, der blühende Stab, die Lilie, die Myrte oder auch der (Paradies-)garten. Oft werden die Maiandachten nach einer Prozession unter freiem Himmel gehalten.

Christi Himmelfahrt

Am 40. Tage nach dem Osterfest feiert die Kirche das Fest der Himmelfahrt Christi, seiner Aufnahme in den Himmel, seiner Teilhabe an der göttlichen Macht. Nach der Darstellung der lukanischen Schriften im Neuen Testament ist Jesus Christus am vierzigsten Tage nach seiner Auferstehung in den Himmel erhöht worden. Das Fest bezieht sich auf die Aussage im Apostolischen Glaubensbekenntnis: »Aufgefahren in den Himmel, sitzend zur Rechten Gottes, des allmächtigen Vaters.«
Der Termin des Himmelfahrtsfestes ist abhängig vom Ostertermin, fällt aber immer auf einen Donnerstag.

Geschichtliches

Die Ursprünge der meisten Feste lassen sich schwer präzise ermitteln, besonders wenn sie noch in die Zeit der Kirchenverfolgungen im römischen Reich zurückgehen, wo vieles, vor allem die Feste, im Verborgenen stattfinden mußte.
Im 4. Jahrhundert, als die Kirche öffentliche Anerkennung erfuhr, konnte sie auch ihre Feste öffentlich begehen und zu offiziellen Einrichtungen machen. Dies ist auch beim Fest Christi Himmelfahrt der Fall.
Man wird vermuten dürfen, daß schon im 2. Jahrhundert, als das Osterfest begangen wurde, aufgrund der Chronologie des Lukasevangeliums und der Apostelgeschichte der 40. Tag nach dem Osterfest als ein wichtiges Datum angesehen wurde.
Aus dem 4. Jahrhundert liegen Texte vor, Predigten wichtiger Bischöfe und Kirchenlehrer, die klar zeigen, daß damals Christi Himmelfahrt als kirchliches Fest begangen worden ist. Dieses Fest war besonders geeignet, Jesus Christus, den Gekreuzigten, auch in majestätischer Gestalt darzustellen. Deswegen ist es zum Mittelalter hin an Bedeutung gewachsen und hat im 11. Jahrhundert sogar eine ganze Festwoche im Gefolge gehabt.
In der Zeit der Aufklärung ergaben sich aus der geistigen Ent-

wicklung besondere Schwierigkeiten, mit diesem Fest umzugehen. Die im Altertum in vielen Kulturen und Religionen verbreitete Vorstellung der Himmelsreise oder Himmelfahrt erschien als vernunftwidrig, sinnlos und mit dem modernen Denken unvereinbar. Friedrich II. von Preußen schaffte den Feiertag 1773 ab. 1789 ist er jedoch wieder eingeführt worden.

Die biblische Überlieferung zu Christi Himmelfahrt

Am Ende des Lukas-Evangeliums (Lk 24,50-53) und am Anfang der Apostelgeschichte (Apg 1,1-14) stehen die Texte, die zur Bildung dieses Feiertages geführt haben. Im Meßbuch der katholischen Kirche finden sich als weitere Lesungen für diesen Tag der Missionsbefehl nach Matth 28,16-20 und nach Mk 16,15-20. Die evangelische Kirche verbindet mit diesem Feiertag besonders auch Texte, welche die Himmelfahrt Christi als Abbild des christlichen Lebens im irdischen Bereich aufzeigen: Kol 3,1-4; Joh 17,20-26; Eph 1,20b-23.

Brauchtum

Die Jerusalemer Gemeinde hat schon in alter Zeit das Geschehen des Himmelfahrtstages durch die Veranstaltung von Prozessionen zum Ölberg nachvollzogen. Die bildhafte Darstellung des Geschehens ist auch später in mehr oder weniger geglückten Formen versucht worden. Daß nach der Erzählung des Lukas eine Wolke Christus in den Himmel getragen hat, wurde im Spätmittelalter so dargestellt, daß zwei Priester das Weihrauchfaß schwangen und auf diese Weise in der Kirche eine sichtbare Wolke erzeugt haben.
Das Hochziehen einer Christusfigur zu einer Öffnung in der Decke kam mancherorts als Brauch hinzu.
Einen stärker symbolischen Charakter hat das Auslöschen der in der Osternacht entzündeten Osterkerze nach der Verlesung des Evangeliums im Gottesdienst am Himmelfahrtsfest. Es zeigt an,

daß nach den 40 Tagen der Erscheinung des Auferstandenen vor seinen Jüngern nunmehr die Zeit seiner sichtbaren Gegenwart abgelaufen ist.
Der Bezug der Fest-Erzählung zur Himmelsreise jedes Menschen nach dem Tode führte teilweise zu dem Brauch, am Himmelfahrtstag die Gräber mit dem österlichen Licht zu schmücken.
Entsprechend der Jahreszeit gab es in Verbindung mit diesem Fest auch Frühlingsbrauchtum. Religiöse Bedeutung und Naturerleben sind miteinander verschmolzen, wie der Schweizerische Dichterpfarrer Jeremias Gotthelf zu Beginn seiner Erzählung »Die schwarze Spinne« sagt: »Es war der Tag, an welchem der Sohn wieder zum Vater gegangen war, zum Zeugnis, daß die Leiter noch am Himmel stehe, auf welcher Engel auf- und niedersteigen und die Seele des Menschen, wenn sie dem Leibe sich entwindet, und ihr Heil und Augenmerk beim Vater droben war und nicht hier auf Erden; es war der Tag, an welchem die ganze Pflanzenwelt dem Himmel entgegenwächst und blüht in voller Üppigkeit, dem Menschen ein alle Jahre neu werdendes Sinnbild seiner eigenen Bestimmung.«

Das Pfingstfest

Pfingsten wird als das Fest der Ausgießung des Heiligen Geistes gefeiert, als Geburtstag der Kirche. Der Geist ist nicht an eine bestimmte Sprache und deswegen auch nicht an ein bestimmtes Volk gebunden. Er kann alle Völker miteinander verbinden als Geist der Liebe, der Verständigung und Versöhnung. Aus ihm entsteht eine ökumenische Kirche, die nicht an Grenzen der Sprachen, der Rassen oder Kulturen gebunden ist.
Mit dem Pfingstfest geht die fünfzigtägige österliche Freudenzeit zu Ende.
Der Name »Pfingsten« ist entstanden aus dem griechischen Wort »Pentekoste«. Es bedeutet »der fünfzigste (Tag)«. Mit Ostern und Weihnachten gehört Pfingsten zu den besonders großen und wichtigen Festen des Christentums.

Die fünfzig Tage von Ostern bis Pfingsten (die Quinquagesimalzeit) sind als Gegenstück zur vierzigtägigen vorösterlichen Trauer- und Buß-Fastenzeit von Freude geprägt. Täglich ist die Eucharistie gefeiert worden; Fasten und kniefälliges Beten gehören nicht in diese Zeitspanne.

Geschichtliches

Das christliche Pfingstfest hat seine Basis im jüdischen Festkalender. Sieben Wochen nach dem Passafest, am fünfzigsten Tage, wird das Wochenfest (schawuot) gefeiert. Ursprünglich ist es ein Erntefest, das nach der Einbringung der Ernte gehalten wurde, vergleichbar also unserem Erntedankfest.
Im Judentum hat dieses Fest eine weitere und neue, über den naturhaften Bezug hinausgehende heilsgeschichtliche Sinngebung erfahren. Es wurde begangen als das Fest der Gesetzgebung. Weil die Tora die Grundlage spätjüdischer Frömmigkeit war, ist das Wochenfest von zentraler Bedeutung.
In der christlichen Kirche trat an die Stelle der Weisung, die Moses am Berg Sinai empfing, der heilige Geist – der Geist Gottes und Christi als die das Leben und die Frömmigkeit bestimmende Macht. Aus diesem Grunde ist in der christlichen Tradition das Wochenfest umgedeutet worden vom Fest der Gesetzgebung am Sinai zum Fest der Ausgießung des heiligen Geistes. Diese Umdeutung ist bereits im ersten Jahrhundert vorgenommen, zumindest angebahnt worden in den Schriften des Lukas, der seinen Bericht über die Ausgießung des heiligen Geistes mit den Worten beginnt: «Und als der Pfingsttag gekommen war, waren sie alle an einem Ort beieinander« (Apg 2,1).
Aus Äußerungen des Tertullian von Karthago (ca. 150-223) geht hervor, daß es bereits in seiner Zeit ein christliches Pfingstfest gegeben haben muß. Tertullian sagt, daß Ostern und Pfingsten die geeigneten Tauftermine seien. Wie in der Osternacht, so ist auch in der nächtlichen Pfingstvigil (wörtlich: »Wache«) die Taufe gefeiert worden. Aus dem Jahre 385 n.Chr. ist dieser Brauch in Rom belegt.

Mit beiden Festen waren feste Formen der Taufvorbereitung verbunden.
Seit dem frühen Mittelalter ist der Brauch bezeugt, das Evangelium an Pfingsten in verschiedenen Sprachen zu verlesen – eine symbolische Darstellung des pfingstlichen Sprachenwunders.
Die große Bedeutung des Festes führte dazu, daß sich zunächst auch für Pfingsten eine achttägige Festzeit (Oktav) herausbildete. Wie an Ostern ist auch an Pfingsten eine Beschränkung zunächst auf drei, dann auf zwei Festtage vorgenommen worden. Vermutlich ließen sich so lange Festzeiten auf die Dauer nicht mit Leben erfüllen und sich auch gegen die Arbeitsanforderungen in der pfingstlichen Zeit nicht aufrechterhalten.
Im Mittelalter finden wir im Umkreis des Pfingstfestes eine Menge festlichen Brauchtums ohne direkten religiösen Bezug. Diese Tradition setzt sich bis heute fort, z.B. auf Märkten oder in Veranstaltungen von Vereinen.
In der evangelischen Kirche ist Pfingsten als das Fest des Heiligen Geistes teilweise zum Anlaß für Prüfungen des Glaubenswissens genommen worden. Die württembergische Kirchenordnung von 1582 schrieb ein jährliches Examen der Jugend vor, das »Pfingstexamen« genannt wurde. In der Kirche wurden Schulkinder, Jugendliche, aber auch erwachsene Knechte und Mägde auf ihr Katechismuswissen, die Kenntnis von Bibelsprüchen, Gebeten und Liederversen hin geprüft. Im 18. Jahrhundert mußte man allerdings das Pfingstexamen sang- und klanglos aufgeben, weil sich die Betroffenen in der überwiegenden Zahl weigerten, sich dieser Prozedur zu unterziehen. Im Zusammenhang mit der Konfirmation hat sich etwas von dem Brauch der Katechismusprüfung erhalten.

Die Pfingstgeschichte in der Bibel

Pfingsten geht, wie das Fest Christi Himmelfahrt, auf eine besondere Tradition in der Apostelgeschichte des Lukas zurück. Im 2. Kapitel dieses Buches berichtet Lukas, daß die ganze Jüngerschaft Jesu in Jerusalem am jüdischen Wochenfest, dem fünfzig-

sten Tag nach Passa, versammelt war. Da ist geschehen, was der Ankündigung des Propheten Joel (3,1-5) entsprach, daß »in den letzten Tagen« Gott seinen Geist ausgießen werde. Als sichtbares Zeichen des Geistes erscheinen Windesbrausen und Feuerflammen. Die Wirkung des Geistes ist es, daß sich die Menschen über die Sprachgrenzen hinaus verstehen und verständigen können.
Dieser lukanische Bericht in Apg 2 ist die Grundlage des Pfingstfestes.
Die den beiden Pfingstfeiertagen zugeordneten weiteren Bibeltexte sind aus dem reichen Bestand an bildhaften, das Thema »Geist« und »Kirche« entfaltenden Bibeltraditionen geschöpft.
Dazu gehören alttestamentliche Texte wie der Bericht vom Turmbau zu Babel (1 Mose 11,1-9), die prophetische Verheißung eines neuen Herzens und Geistes (Hes 36,22-28), die große Vision des Propheten Hesekiel vom Lebendigwerden des Abgestorbenen (Hes 37,1-14) und die Prophetie Joels von der Ausgießung des Geistes auf dem Höhepunkt der Zeit (Joel 3,1-5).
Vom Geist als Beistand und Tröster redet das Johannes-Evangelium (14,23-27) und vom Geist der Wahrheit (Joh 16,5-15). Vom Fundament der Kirche handelt Matth 16,13-19, von ihrer Gestalt und Motivation Eph 4,11-16. Aus den vielfältigen Äußerungen des Apostels Paulus zum Thema »heiliger Geist« sind 1 Kor 2,12-16, Röm 8,1-11 und 1 Kor 12,4-11 für das Pfingstfest ausgewählt.
In den Kirchen wird Pfingsten mit festlichen Gottesdiensten begangen, die nicht zuletzt auch durch den Gesang von besonderen Pfingstliedern geprägt sind. Aus dem früheren Pfingstnachtgottesdienst (Pfingstvigil) ist in der katholischen Kirche eine Messe am Vorabend geworden, mit welcher die Feier des Pfingstfestes anfängt.

Brauchtum

Vor seiner Christianisierung hatte das Fest als Erntefest einen klaren Bezug zur Natur. Das ergab sich aus der Jahreszeit und aus dem Wachsen der Pflanzen, die zur Ernte reif waren in diesen Tagen.

Als eine zweite, geistige und religiöse Ebene für die Bedeutung dieses Festes kam die Tora, das Recht und Gesetz Gottes, gewissermaßen als der geistliche Lebensunterhalt hinzu. Daran knüpfte zunächst die christliche Gemeinde an.
In der mittelalterlichen Festgestaltung kam in veränderter Form das Naturhafte und Jahreszeitliche des Pfingstfestes wieder zum Vorschein. Jetzt wurden mit ihm große Feste verbunden, die unter freiem Himmel stattgefunden haben. Pfingsten war ein beliebter Termin für höfisch-ritterliche Turniere und die großen Schützenfeste der Städte. Flurnamen wie »Pfingstwiese« oder »Pfingstanger« weisen noch heute darauf hin. Pferderennen mit Geschicklichkeitsspielen, Lanzenstechen nach Kränzen oder Ringen sorgten für Unterhaltung. Pfingsttänze wurden veranstaltet. Pfingstbäume im Freien und auch Birken als Kirchenschmuck wurden aufgestellt, Pfingstlauben errichtet. Sieger und Siegerin bei Wettkämpfen wurden als »Pfingstkönig« und »Pfingstkönigin« oder »Pfingstbraut« geehrt und gefeiert.
Buntes Treiben gab es auch mit festlich geschmückten Tieren, z. B. den »Pfingstochsen«.
Das Pfingstfest selbst wurde in personifizierter Form dargestellt mit dem jungen Grün, welches die Jahreszeit bietet. In Laub, Birkenreiser und Ginster gehüllte Maskengestalten traten auf als »Pfingstl«, »Laubmann«, »Pfingstvogel«, »Pfingstquack«, »Pfingstlümmel« oder »Pfingstbutz«.
Ein Brauch und spielerisches Element, das in der Kirche selbst beheimatet war und von der Pfingsterzählung ausging, war die Darstellung der Herabkunft des Heiligen Geistes in Gestalt einer holzgeschnitzten Taube. In manchen Kirchen gab es ein sog. »Heiliggeistloch« im Gewölbe, aus dem im Gottesdienst an einer Schnur eine solche Taube herabgelassen werden konnte, um der versammelten Gemeinde sichtbar den Sinn des Festes vor Augen zu führen.
Die Taube als Sinnbild des Heiligen Geistes spielt zwar in der biblischen Pfingstgeschichte keine Rolle, aber sie ist aus der Erzählung von der Taufe Christi (Mt 3,16) auf diese Gelegenheit übertragen worden. Das Konzil von Nicäa hat im Jahre 325 n. Chr. die Taube als gültiges Symbol für den Heiligen Geist festgelegt. Ur-

sprünglich war sie im Altertum den Göttinnen der Liebe zugeordnet gewesen. Eine Christianisierung dieses Sinnbildes konnte problemlos stattfinden, zumal die Taube in den Worten Jesu bereits als Inbegriff der Sanftmut und der Unschuld erscheint (Mt 10,16).
Der Name der »Pfingstrose« deutet auf Maria als Rose ohne Dornen. Auf vielen alten Pfingstdarstellungen ist, – abweichend von der Erzählung in der Apostelgeschichte –, Maria im Kreise der Jünger zu sehen. Sie hat hier am Pfingstfest besonders ihren Platz als Sinnbild der Kirche gefunden.
Als kirchlicher Brauch, der in einer gewissen Beziehung zur Pfingsttradition steht, ist noch die Feuersegnung erwähnenswert. Zeitlich gehört sie eher zu Heiligenfesten wie z. B. zum Fest Johannes des Täufers und zu Peter und Paul, aber das pfingstliche Element des Feuers spielt dabei die entscheidende Rolle, und die Lesung der Pfingstgeschichte hat auch hier ihren Platz.

Über die Worte: Sie sind voll süßen Weins

Wer leugnets? Sie sind voll und wissen selber nicht,
Wie ihnen sei geschehn. Der vorhin schier verzaget
Vor einer bloßen Magd, hat sich ins Volk gewaget,
Darunter redend er dreitausend Herzen bricht.

Der keine Schrift gelernt, versteht, was Joel spricht,
Erklärt, was David längst von Jesu vor gesaget.
Die Zwölfe freuen sich, indem man sie verklaget
Und über sie die Schul hegt blutig Halsgericht.

Sie ringen nach dem Tod und hassen Stand und Leben;
Sie schätzen Schmach für Ehr und Kerker für Paläst;
Sie achten Gold für Kot und Stürzen für Erheben;

Sind Bürger anderwärts, im Vaterlande Gäst
Und sollten, Solyme! sie denn nicht trunken sein?
Wo aber keltert man so süß – und starken Wein?

Andreas Gryphius

Die Trinitatiszeit

Dreieinigkeitsfest (Trinitatis)

Das Dreieinigkeitsfest, mit dem lateinischen Namen Trinitatis genannt, wird am Sonntag nach Pfingsten gefeiert. Eigenartig an diesem Fest ist, daß es nicht durch ein biblisches Geschehen begründet ist und deswegen keine Festgeschichte hat, vielmehr einer theologischen Lehre gewidmet ist.

Die Rede vom dreieinigen Gott wurzelt im Neuen Testament. Sie kommt dort vor allem im Zusammenhang mit der Taufe (»Taufet sie auf den Namen des Vaters und des Sohnes und des Heiligen Geistes«; Mt 28,19) und mit Segenswünschen vor (»Die Gnade unseres Herrn Jesus Christus und die Liebe Gottes und die Gemeinschaft des Heiligen Geistes sei mit euch allen!« 2 Kor 13,13).

Aus diesen Ansätzen ist später eine sehr differenzierte Lehre entwickelt worden, die vor allem die Formulierung von Glaubensbekenntnissen grundlegend bestimmt hat.

Von dieser hohen Bedeutung der Dreieinigkeitslehre her wird es verständlich, daß ihr ein besonderes Fest gewidmet werden konnte. Allerdings wird man feststellen müssen, daß sein abstrakter theologischer Charakter für wenig Anklang in den Gemeinden gesorgt hat und keinerlei Brauchtum hervorgerufen hat. Das Thema der Predigten an diesem Sonntag ist auf das Reden von Gott ausgerichtet; dazu kommen Lieder, die trinitarisch aufgebaut sind – entsprechend etwa dem Apostolischen Glaubensbekenntnis mit seinen drei Artikeln.

Das Dreieinigkeitsfest läßt sich zuerst im 10. Jahrhundert in Belgien geschichtlich belegen. Wahrscheinlich sind es Klöster gewesen, in denen Gottesdienste zu Ehren der heiligen Dreifaltigkeit gefeiert worden sind. Der Sinn solcher – besonders dem dreieinigen Gott zu Ehren gehaltenen – Gottesdienste war umstritten. Papst Alexander III. (1159-1181) hat das Fest sogar verboten mit der an und für sich logischen Begründung, daß in jedem Gottesdienst der dreieinige Gott gefeiert werde. Trotzdem hat sich schließlich ein besonderes Fest der Trinität durchgesetzt, nicht zuletzt deswegen, weil sich mit dieser Lehre eine deutliche Abgrenzung gegenüber dem Judentum und dem Islam darstellen ließ. Beide waren durch die Kreuzzüge zum Feind erklärt worden.

Papst Johannes XXII. hat im Jahre 1334 durch ein Dekret das Dreieinigkeitsfest anerkannt und auf den ersten Sonntag nach dem Pfingstfest festgelegt. Bis dahin gab es unterschiedliche Termine für dieses Fest. Teilweise wurde es am letzten Sonntag vor dem Advent, also zum Abschluß des Kirchenjahres begangen, teilweise am zweiten Sonntag nach Pfingsten, nach dem Abschluß der Pfingstoktav, oder auch am Sonntag nach dem 24. Juni, dem Tag Johannes des Täufers, gewissermaßen zur Erinnerung daran, daß der Täufer an der Schwelle steht zur Offenbarung des Gottes, der dem Sohn den Geist gesandt hat bei der Taufe.

Die unterschiedliche Terminierung des Festes hat sicherlich Auswirkungen auf seine Bedeutung. Jetzt, am 1. Sonntag nach Pfingsten, kann es verstanden werden als krönende Zusammenfassung der drei großen Feste Weihnachten, Ostern und Pfingsten, in denen die Menschwerdung Gottes, die Auferstehung des Sohnes und die Ankunft des Geistes gefeiert werden. Zugleich ist es Eröffnung einer Reihe von Sonntagen, die keinen herausgehobenen festlichen Charakter und kein spezielles Profil haben.

Die Reformation hat das Dreieinigkeitsfest beibehalten, da sich an diesem Punkte mit der katholischen Tradition kein Widerspruch ergab.

Die Entstehung eines besonderen Dreieinigkeitsfestes ging Hand in Hand mit einer schleichenden Veränderung des Verständnisses vom Sonntag überhaupt. Bis dahin war klar, daß der Sonntag eigentlich der Tag der Auferstehung Christi ist, und entsprechend wurde der Gottesdienst mit dem Hinweis darauf eröffnet. Das Eröffnungswort wurde dann zunehmend anders, nämlich trinitarisch: »Im Namen des Vaters und des Sohnes und des Heiligen Geistes.« Seit dem 13. Jahrhundert setzte sich die trinitarische Formel durch, und der Sonntag wurde verstanden als der Tag des Beginns der Weltschöpfung (erster Tag der Woche), der Auferstehung Christi und als Tag der Ausgießung des Heiligen Geistes.

Bibeltexte zum Dreieinigkeitsfest

Als Lesungen und Predigttexte sind sowohl in der katholischen wie auch in der evangelischen Kirche Bibeltexte mit besonderem Bezug zur Gotteslehre gewählt worden. Dazu gehören die Gottesbegegnung Moses auf dem Berg Sinai (2 Mose 34), und Spr 8,22-31 über die »Weisheit als Gottes Liebling«. Andere Texte bieten die Stichworte Gott – Christus – Geist wie z. B. Joh 3,1-15, Eph 1,3-14, oder sie thematisieren den geheimnisvollen Charakter der Gotteserkenntnis wie Röm 11,33-36, oder man liest einen trinitarischen Anklang heraus wie bei dem dreimaligen Heilig in Jes 6,1-13.

Aus: An der Zeitmauer

»Aus der ungemeinen Erbitterung, mit welcher der Arianische Streit um die Trinität und die subtilsten Formen ihrer dogmatischen Fassung geführt wurde, dürfen wir schließen, daß es sich um Entscheidungen von größter Tragweite handelte, auch wenn uns die Voraussetzungen unverständlich geworden sind. Aber auch unsere Sache stand auf dem Spiel.

In der Tat hat dieser Streit, der um die Personalität des Höchsten Wesens geführt wurde, für das Schicksal der östlichen und der west-

lichen Welt bedeutende Folgen gehabt. Er wird auch eine Rolle spielen bei ihrer Wiedervereinigung. Darüber hinaus ist hinter dem Eifer, der auf die Fassung solcher Formulierungen gelegt wird, eine Art von sicherndem Instinkt der Väter zu vermuten, der das dogmatische Gebäude auch gegen in ferner Zukunft mögliche Angriffe schirmen will.
Da hier auf weite Sicht, auf Vorrat gedacht wurde, ist es kein Zufall, daß der Angriff des säkularen Denkens sich in den Vorwerken erschöpft. Das wird meist weniger durch Widerlegung sichtbar als dadurch, daß er am Phantom ermattet und an Interesse verliert.
Daß die Gottheit als Geist gleiches Gewicht, gleichen Rang besitzt wie in den personalen Ausprägungen des Vaters und des Sohnes, ist auch deshalb ein großer Gedanke, weil in Zeiten wie dieser, in denen die Personalität sich auflöst, zurückzieht oder abstirbt, die Gottheit doch in der Transzendenz ihren Ort und ihre Vertretung behält. Insofern hat die an sich paradoxe Bezeichnung des Geistes als der »Dritten Person« ihren Sinn.
In der Erfassung dieses Verhältnisses birgt sich die Hoffnung, daß die zahllosen Gebete, die auch heute noch auf der Erde an den Vater gerichtet werden, ihren Ort haben und ankommen. Das ist immer noch wichtiger als die kühnste Entwicklung unserer technischen Welt.«

Ernst Jünger

Fronleichnam

Am Donnerstag nach dem Dreieinigkeitsfest feiert die katholische Kirche Fronleichnam. Dieses Fest gilt dem Gottesdienst selbst, der Eucharistiefeier, dem Sakrament des Altars. Auf einen Donnerstag gelegt wurde es, weil die Einsetzung und Stiftung der Eucharistie ebenfalls an einem Donnerstag stattgefunden haben soll und gefeiert wird. Der Donnerstag des Fronleichnamsfestes und der Gründonnerstag stehen in innerer Beziehung zueinander. Die katholische Kirche will durch dieses Fest ihrer Freude an der Feier der Eucharistie zum Ausdruck bringen, ihre Wertschätzung betonen,

stärken und öffentlich bezeugen. Deswegen gehört zur Gestaltung dieses Tages vor allem auch die Fronleichnamsprozession.
Die Gläubigen nehmen nicht nur durch die Kommunion in der Kirche den im Sakrament gegenwärtigen Christus in ihr Leben auf, sondern sie tragen ihn in der Gestalt der konsekrierten (= geweihten) und gewandelten Hostie aus dem Kirchenraum hinaus, dorthin, wo die Menschen leben und arbeiten. Auf Straßen und Plätzen und in den Fluren des Feldes wird die eucharistische Gegenwart Christi gefeiert. Es ist keine Bittprozession, sondern ein Hineintragen der Segenskräfte des gegenwärtigen Christus in die Welt.
Der Name des Festes leitet sich von dem althochdeutschen Wort »fro« her, das »Herr« und »Gott« bedeutet. In der mittelhochdeutschen Sprache ist später ein davon abstammendes Adjektiv »vron« gebräuchlich mit der Bedeutung »heilig« und »göttlich«. Es kennzeichnet die Macht Gottes, wird aber dann auch in bezug auf weltliche Mächte und Herrschaften benutzt.
»Leichnam« bedeutet ursprünglich »Körper«, »Leib«, wandelt aber seine Bedeutung und bezeichnet mehr und mehr den »toten Körper«. Der Sinn des Namens »Fronleichnam« ist: der Leib des Herrn (corpus Christi). Mit diesem Begriff wird die in der Messe konsekrierte, geweihte Hostie bezeichnet.

Geschichtliches

Die Entstehung des Fronleichnamsfestes geht zurück auf eine Vision der Augustinerin Juliane von Lüttich. Es wird berichtet, daß der Ordensfrau im Jahre 1209 im Siechenhause Mons Cornelii das Fehlen dieses Festes in der Kirche offenbart worden ist. Juliane schaute in ihrer Vision den Vollmond mit einem dunklen Fleck. Die dunkle Stelle, das fehlende Licht, wurde von ihr gedeutet als das Fest zu Ehren des in der Eucharistie gegenwärtigen Leibes Christi. Die Ordensfrau setzte sich zusammen mit ihrer Freundin Eva von Lüttich für die Einführung des Fronleichnamsfestes ein. 1246 wurde es in der Diözese Lüttich angeordnet. Von dort aus breitete es sich auch nach Deutschland aus. 1264 hat Papst Urban IV., der es wohl von seiner früheren Tätigkeit als Archidiakon in Lüttich her kannte, das Fronleichnamsfest für die ganze Kirche verbindlich gemacht.

Der berühmte mittelalterliche Kirchenlehrer Thomas von Aquin (1225-1274) soll die gottesdienstlichen Texte für diesen Festtag verfaßt haben. Auf ihn geht jedenfalls die Fronleichnams-Sequenz »Lauda, Sion, Salvatorem« (»Lobe, Zion, deinen Hirten; dem Erlöser der Verirrten stimme Dank und Jubel an«) zurück. Auch andere wichtige Fronleichnamsgesänge wie »Tantum ergo sacramentum« (»Sakrament der Liebe Gottes«), »Pange, lingua, gloriosi corporis mysterium« (»Das Geheimnis laßt uns künden«) werden auf Thomas von Aquin zurückgeführt.

Das IV. Laterankonzil hat 1215 die Lehre von der Wesensverwandlung von Brot und Wein in der Eucharistiefeier (die sog. Transsubstantiationslehre) zum Dogma erklärt. Dadurch war klargestellt, daß in der konsekrierten Hostie kraft des priesterlichen Wortes, obwohl sie ihr Aussehen nicht verändert hat, doch Christus selbst gegenwärtig ist. Die Materie ist die gleiche geblieben, die Substanz, das Wesen aber, ist gewandelt und ist zu Christus selbst geworden. Infolgedessen wurde 1217 die Anbetung und Verehrung der Hostie durch Niederknien zur Pflicht gemacht.

In dieser Zeit hat sich auch ein liturgischer Brauch eingebürgert: die Elevation, die Erhebung der Hostie, nachdem die Wandlungsworte gesprochen sind, um sie dem Volk zu zeigen. Die Wandlungslehre hat dazu geführt, daß das Göttliche gewissermaßen objektiv vorzeigbar wurde. Der Ritus der Elevation (lat. elevare = erheben), des Herzeigens zum Anschauen in der Messe, wiederholt sich außerhalb Kirche, indem Priester und Kirchenvolk den gewandelten Christus in der Welt vorzeigen.

Die Prozession ist jedoch erst im 14. Jahrhundert hinzugekommen. Prozessionen, bei denen Heiligtümer mitgeführt werden, sind in der Welt der Religionen weit verbreitet. Auch das Christentum hat diesen Brauch aufgegriffen, allerdings relativ zurückhaltend. Die Fronleichnamsprozession integriert dabei früher schon übliche Flurumgänge, bei denen ein bestimmtes Gebiet umschritten und an vier Stellen in die vier Himmelsrichtungen Wettersegen zelebriert worden sind.

Die Reformation hat das Fronleichnamsfest abgelehnt. Von der Überzeugung her, daß es ausschließlich auf die Kommunion und auf den Glauben an das Verheißungswort Christi ankomme, auf das Gebrauchen des Sakraments, ist gesagt worden: Außerhalb des Gebrauchs, wenn das Brot nicht ausgeteilt wird sondern eingeschlossen, umhergetragen in Prozessionen, zur Anbetung ausgestellt, »ist es für kein Sakrament zu halten« (Konkordienformel 1577 Artikel VII, Vom heiligen Abendmahl).
Als Reaktion auf diese Kritik ist es in der Gegenreformation, besonders in der Zeit des Barock, zu besonders prachtvollen und demonstrativen Fronleichnamsprozessionen gekommen.
Diese Kontroverse wird heute nicht mehr ausgetragen. Allerdings ist Fronleichnam ein spezifisch katholisches Fest geblieben und hat sich in das ökumenische Leben bis jetzt nicht integrieren lassen.

Biblische Anknüpfungen und kirchliches Brauchtum

Geeignet und dem Sinn dieses Kirchenfestes entsprechend sind Texte, die den Sinn der Eucharistie erklären. Dies sind in erster Linie die Abendmahlsberichte und dazu benachbarte biblische Überlieferungen. Erstrangige Lesungen dafür sind Mk 14,12-16.22-26 und 1 Kor 11,23-26. Aus dem Johannes-Evangelium ist die Christus-Rede vom Brot des Lebens (6,51-58) einbezogen; aus dem Lukas-Evangelium die Erzählung von der Speisung der Fünftausend (9,11b-17).
Drei alttestamentliche Texte, die traditionell in Verbindung mit dem Abendmahl gebracht werden, sind die Speisung Israels mit Manna in der Wüste (5 Mose 8,12-16), der Bundesschluß am Sinai (2 Mose 24,3-8) und die Begegnung Abrahams mit dem Priesterkönig Melchisedek von Jerusalem (1 Mose 14,18-20).
Außer dem feierlichen Hochamt in der Kirche gehört die Prozession seit dem 14. Jahrhundert zum festen Bestand dieses Festes. Sie führt über vier Stationen in die Kirche. Fürbitten und Segensspendung mit der Monstranz gehören zu jeder Station.
Bei der ersten Station geschieht Fürbitte und Segnung für die Kirche; die Lesung ist Mt 26,18-29. Die zweite Station bringt »Gebet

und Segen für Regierung und Volk« mit Lesung Mk 6,34-44. Die dritte Station: »Gebet und Segen über die Feldfrüchte und die Werke menschlicher Arbeit.« Lesung ist hier Luk 14,16-24. Die vierte Station: »Gebet und Segen über die Gemeinde und alle, die hier wohnen.« Dazu die Lesung aus Joh 6,51-58. Die vor diesem Fest liegende Tradition der Bittgebete in vier Himmelsrichtungen ist in variierter Form beibehalten durch die Lesung aus vier verschiedenen Evangelien.

Den Abschluß bildet festlicher Gesang und Segen in der Kirche.

Als Brauchtum kann man die verschiedenen Formen von Prozessionen betrachten, zu Pferd oder mit Schiffen; auch die örtlichen Besonderheiten der Gestaltung der Altäre.

Geburt Johannes des Täufers / Johannistag (24. Juni)

In den Evangelien spielt Johannes der Täufer als Vorbote Christi eine wichtige Rolle. Die ihn betreffenden Kindheitserzählungen stehen in Lukas 1.

Um dieser Bedeutung gerecht zu werden, feierte die Kirche im Osten am Tage nach dem Epiphaniasfest, am 7. Januar, die Geburt des Täufers. Nach der Verlegung des Geburtsfestes Christi auf den 25. Dezember mußte eine andere Lösung gefunden werden.

In der westlichen Kirche kam der Brauch auf, am 24. Juni die Geburt des Johannes zu feiern, entsprechend der Bemerkung des Lukas in Kap 1,36 (»Und siehe, Elisabeth, deine Verwandte, ist auch schwanger mit einem Sohn, in ihrem Alter, und ist jetzt im sechsten Monat«) genau 6 Monate vor der Geburt Christi. Die Verschiebung um einen Tag ist wohl so zu erklären, daß beide Feste jeweils am 8. Tag vor Beginn des nächsten Monats begangen werden.

In der Zeit der längsten Tage des Jahres wird Johannes als der Zeuge des Lichtes, nämlich Christi, gepriesen: »Bis an sein Ende gab Johannes Zeugnis für das Licht und besiegelte mit dem Blut seine Treue«, lautet der gottesdienstliche Vorspruch (Präfation). Die Bibeltexte des Festtages sind Lk 1,57-66.80, Jes 49,1-6 und Apg 13,22-26.

Der Johannistag ist ein sehr volkstümliches Fest auf der Höhe des Naturjahres. Beliebt ist vor allem das Johannisfeuer, das den vorchristlichen Brauch des Sonnwendfeuers aufnimmt und der Lichtsymbolik zwischen Christus und Johannes gerecht wird (vgl. Joh 1,6-9)
Für diesen Tag ist im Buch der Segnungen ein Ritus der Feuersegnung vorgesehen: »Segne dieses Feuer, das wir am Festtag des heiligen Johannes des Täufers entzündet haben. Entzünde in unseren Herzen das Feuer deiner Liebe, damit wir in einer Welt voll Haß und Zwietracht von dir Zeugnis geben.«

Mariä Himmelfahrt (15. August)

Der Glaube an die Verherrlichung der Gottesmutter nach Leib und Seele ist zum ersten Mal greifbar in einer ostkirchlichen Marienlegende. In ihr wird von der wunderbaren Bewahrung des Leibes Marias vor der Verwesung berichtet. Die Legende kommt in zahlreichen Varianten vor. Ein Teil erzählt, daß Maria in wiedererweckter Leiblichkeit in den Himmel aufgenommen worden ist. Die meisten Legenden sagen, daß Jesus selbst (oder auch der Erzengel Michael) die Seele der Gottesmutter geholt und in den Himmel getragen habe.
Weil nach katholischer Lehre Maria vom ersten Augenblick ihres Daseins an von der Erbsünde bewahrt worden ist, ist ihr auch als erster die endgültige Vollendung in Christus geschenkt worden. Maria wird als Urbild der Kirche verstanden. Einzig an ihrer Person wird die Vollendung des Heils in Ganzheit jetzt schon sichtbar. Der Vorspruch zum Festgottesdienst lautet: »Denn heute hast du die jungfräuliche Gottesmutter in den Himmel erhoben, als erste empfing sie von Christus die Herrlichkeit, die uns allen verheißen ist, und wurde zum Urbild der Kirche in ihrer ewigen Vollendung. Dem pilgernden Volk ist sie ein untrügliches Zeichen der Hoffnung und eine Quelle des Trostes. Denn ihr Leib, der den Urheber des Lebens geboren hat, sollte die Verwesung nicht schauen.«

Geschichtliches

Der 15. August ist schon im 5. Jahrhundert in Jerusalem als Termin eines Marienfestes bezeugt. Das Fest stand zuerst in der Tradition der Märtyrergedenktage. In der christlichen Kirche wurde der Tod der Märtyrer als ihre Geburt in den Himmel betrachtet. Dementsprechend feierte man am 15. August den Heimgang Mariens in den Himmel als ihren Geburtstag zum ewigen Leben. Natale Sanctae Mariae wurde das Fest in Rom genannt. Der neue Name Assumptio (Aufnahme) findet sich gegen Ende des 8. Jahrhunderts in Rom.

Für die Bedeutung des Festes wurde wichtig, daß Papst Pius XII. im Jahre 1950 die leibliche Aufnahme Mariens in den Himmel zum Dogma erklärt hat.

Brauchtum

Ein tausend Jahre alter Brauch ist es, an diesem Tag Heilkräuter zum Gottesdienst mitzubringen. Durch die Fürbitte der Kirche soll die Heilkraft dieser Kräuter dem ganzen Menschen zugute kommen. »Deshalb bezieht die Liturgie die Aussagen der Schrift über die göttliche Weisheit auf Maria und bringt Palmen, Rosen, Zimt, Myrrhe, Weihrauch, Wein und wohlriechende Kräuter (vgl. Sir 24) herbei, um Maria zu ehren. Mit den Blumen bringen wir die Schönheit der Schöpfung in den Gottesdienst, der so zu einem sommerlichen Fest der Freude wird« (Buch der Segnungen/Benediktionale). Die geweihten Kräuter sollen zuhause Schutz gegen Gefahren gewähren.

Michaelis (29. September)

In der *evangelischen* Kirche wird am 29. September der Tag des Erzengels Michaels und aller Engel oft mit Gottesdiensten begangen. Der zugrundeliegende Bibeltext erzählt vom Kampf Michaels

mit dem Drachen (Offb 12,7-12a). Für Martin Luther spielten die biblischen Engelsgeschichten stets eine Rolle, daher plädierte er für die Beibehaltung dieses Feiertages. In seinem bekannten Morgen- und Abendsegen betete er:
»Dein heiliger Engel sei mit mir, daß der böse Feind keine Macht an mir finde.« Allerdings gibt es keine ausgeprägte Engelsverehrung in den evangelischen Kirchen.
In der *katholischen* Kirche feiert man an diesem Tag die drei Erzengel Michael, Gabriel und Rafael, von denen das biblische Buch Daniel (Dan 10,13. Dan 8,16.9, 21) und das apokryphe Buch Tobias spricht. Michael wurde als Schutzpatron der Kirche und in Deutschland auch als Schutzpatron des ganzen Volkes verehrt. Die Rede vom »deutschen Michel« hat hier ihren Ursprung.
Der Kampf der Engel gegen das Böse, ihre Schutzfunktion für die Menschen ist Thema dieses Festes. Ein weiterer katholischer Engel-Gedenktag ist das Schutzengelfest am 2. Oktober.

Erntedankfest

In der *evangelischen* Kirche wird das Erntedankfest am ersten Sonntag im Oktober begangen, ebenso in der katholischen Kirche, wo es jedoch auch der letzte Septembersonntag sein kann.
Freudenfeste zum Abschluß der Ernte sind in vielen Kulturen und Religionen üblich. Unser Erntedankfest im Oktober hat seinen Ursprung im bäuerlichen Lebensrhythmus. Weil die landwirtschaftliche Ernte für das Dasein aller Menschen grundlegend ist, bleibt auch in der Industriegesellschaft dieses Fest erstaunlich lebendig.
In den Kirchen werden die Altäre mit Erntefrüchten aus Feld und Garten geschmückt. Erntedankgottesdienste eignen sich besonders zu gemeinsamer Feier von Kindern und Erwachsenen. In vielen Gemeinden ist es Sitte, daß Kindergartengruppen den Gottesdienst mitgestalten, oder daß Familiengottesdienste gefeiert werden.

In der *katholischen* Kirche werden die Erntedankgaben entweder mit dem Gabengebet aus der Erntedankmesse gesegnet, oder aber in einem besonderen Wortgottesdienst, dessen Ordnung im Benediktionale (dem Buch der Segnungen) enthalten ist.

Geschichtliches

Ein regelmäßiges kirchliches Erntedankfest hat sich erst im 17. Jahrhundert entwickelt. In Württemberg z. B. erwähnen die Kirchenordnungen von 1536 und 1553 ein solches Fest nicht. Die Pfarrer haben dennoch Dankpredigten für den Segen und das Gelingen der Ernte gehalten je nach Lage der Dinge und an ganz verschiedenen Sonntagen – je nachdem, wie die Ernte in ihrer Gemeinde zum Abschluß gekommen war.

Gegen Ende des 17. Jahrhunderts wurde die Herbsterntepredigt als Amtspflicht der Pfarrer verstanden, nachdem das Konsistorium, die Kirchenleitung, in einer Zwischenphase gesagt hatte: »Und dieweilen auch löblich, daß Gott dem Allmächtigen nach eingetaner Ernte und Herbst für den bescherten Segen öffentlich Dank gesagt werde ...«. Der öffentliche Dank im Gottesdienst ist noch keine offizielle Festordnung, sondern lediglich »löblich«, aber die Entwicklung ging in dieser Zeit eindeutig darauf hin, den Erntedank zu einer geordneten Angelegenheit der Gemeinde zu machen.

Da es tatsächlich ein Gottesdienst zum Abschluß der Erntearbeiten sein sollte, konnte der rechte Zeitpunkt dafür regional oder auch je nach Art der Landwirtschaft oder des Weinbaus sehr verschieden sein. Auch Wochentage kamen in Frage, z. B. der Bußtag. Die Kirchenleitung in Württemberg ordnete 1789 an, daß das Erntedankfest »am nächsten Sonntag nach den jedes Orts beendigten Ernte- und Herbstgeschäften« gehalten werden soll. Der Kirchengemeinderat hatte darüber in jeder Gemeinde zu beschließen.

Diese Entwicklung ist in anderen Regionen ähnlich verlaufen. In Preußen wurde das Erntedankfest ebenfalls in der zweiten Häfte des 18. Jahrhunderts eingeführt (1773).

Lektion bzw. Predigttext für das Erntedankfest ist in beiden Kirchen das Gleichnis von dem reichen Kornbauern (Lk 12,13-21). Im übrigen wurden aus den zahlreichen Texten der Bibel, die sich mit dem Thema »Danken« befassen, 1 Tim 4,1-5 und Luk 17,11-19 ausgewählt. Ein zweiter Aspekt ist die Warnung vor Habsucht (Mt 6,19-24; 1 Tim 6,6-11.17-19), ein dritter das Miteinanderteilen (2 Kor 9,6-15).

Unsere Liebe Frau vom Rosenkranz (7. Oktober)

Dieser katholische Gedenktag hat einen kriegerischen Anlass: Papst Pius V. besiegte am 7. Oktober 1571 bei Lepanto zusammen mit Spanien und Venedig die türkische Flotte. Diesen Sieg glaubte man dem Rosenkranzgebet zu verdanken.
Der Rosenkranz als Gebetsform stammt aus dem Mittelalter. Er besteht aus 15 Gesätzen, d.h. Gebetsreihen. Zu jeder gehört ein Vaterunser, zehn Ave Maria und ein Ehre sei dem Vater. In jedem Gesätz wird ein Thema aus dem Leben Jesu und seiner Mutter betrachtet.
Pius V. hat das Fest zum ersten Jahrestag seines Sieges angeordnet. Ein weiterer Sieg über die Türken im Jahr 1716 bei Peterwardein führte dazu, daß sich das Fest in der ganzen römisch-katholischen Kirche ausbreitete.
Der Monat Oktober ist dem Rosenkranzgebet gewidmet und wird mit gemeinsamem und privatem Rosenkranzbeten begangen. Wie der Monat Mai ist er besonders der Verehrung der Gottesmutter Maria geweiht.

Reformationsfest

Als Gedenktag der Reformation hat sich in der evangelischen Kirche der 31. Oktober durchgesetzt. Andere mögliche Termine, die zunächst auch als Gedenktage begangen worden sind, waren der Geburtstag

Martin Luthers (10. November), sein Todestag (18. Februar) oder auch der 25. Juni, an dem im Jahre 1530 auf dem Reichstag in Augsburg die sog. »Augsburgische Konfession«, die offizielle Darstellung des reformatorischen Bekenntnisses, übergeben worden ist.
Im Laufe der Zeit bildete sich die Überzeugung heraus, daß den eigentlichen öffentlichen Beginn der Reformation Luthers Anschlag der 95 Thesen über den Ablaß an die Türe der Schloßkirche in Wittenberg darstellt. Nach der Überlieferung hat dieser Vorgang am Vorabend des Allerheiligenfestes 1517, also am 31. Oktober jenes Jahres stattgefunden. Gleichzeitig hat Luther diese 95 Thesen als Beilage zu einem Brief an den Erzbischof Albrecht von Mainz übersandt. Seine Absicht war, eine öffentliche Diskussion über den Ablaßhandel in der Kirche zu erreichen.
Der 31. Oktober ist 1667 auf Anordnung des Kurfürsten Georg II. von Sachsen zum allgemeinen Gedenktag geworden.
Weil das Reformationsfest nicht zuletzt auch protestantischer Selbstdarstellung und Profilierung diente, hat es, seitdem die ökumenische Verständigung und Versöhnung begonnen und Fortschritte gemacht hat, an Bedeutung eingebüßt. Der 31. Oktober ist kein gesetzlicher Feiertag mehr. Das Reformationsfest wird infolgedesen am Sonntag nach dem 31. Oktober in den evangelischen Kirchen gefeiert.
Außer der Erinnerung an die Geschehnisse der Reformation steht im Mittelpunkt die Frage nach dem Verständnis des Evangeliums von Jesus Christus und nach dem Wesen des Glaubens. Martin Luther hat sein Verständnis des Evangeliums und des Glaubens zuerst aus den Schriften des Paulus, vor allem aus dem Römerbrief gewonnen. Aus diesem Grunde stellt Röm 3,21-28 mit der Erörterung der Rechtfertigung des in Schuld verstrickten Menschen den wichtigsten Text für das Reformationsfest dar.

Aus: Sofies Welt

»Luther hat sich überhaupt von vielen religiösen Gebräuchen und Glaubenssätzen distanziert, die die Kirche im Mittelalter entwikkelt hatte. Er wollte zurück zum ursprünglichen Christentum, so, wie wir es im Neuen Testament finden. ›Die Schrift allein‹, sagte er. Mit diesem Motto wollte Luther zurück ›zu den Quellen‹ des Christentums, so, wie die Humanisten der Renaissance zurück zu den antiken Quellen der Kunst und Kultur wollten. Er übersetzte die Bibel ins Deutsche und schuf damit die Grundlage der hochdeutschen Schriftsprache. Jedermann sollte die Bibel lesen und gewissermaßen als sein eigener Pastor fungieren können.«

»Als sein eigener Pastor? Ging das nicht ein bißchen weit?«

»Er meinte, daß die Priester in keiner besonderen Beziehung zu Gott stehen. Auch die lutheranischen Gemeinden stellten aus praktischen Gründen Pastoren ein, die die Gottesdienste abhielten und die täglichen kirchlichen Aufgaben erledigten. Aber er meinte, daß der Mensch nicht durch kirchliche Rituale Gottes Vergebung und die Befreiung von seinen Sünden erlangt. Erlösung werde dem Menschen ganz ›gratis‹ durch den Glauben allein zuteil, sagte er. Diese Erkenntnis war ihm durch seine Bibellektüre gekommen.«

»Luther war also auch ein typischer Renaissancemensch?«

»Ja und nein. Ein typischer Renaissancezug war das Gewicht, das er auf den Einzelnen und seine persönliche Beziehung zu Gott legte. Er lernte im Alter von 35 Jahren Griechisch und machte sich an die mühselige Arbeit, die Bibel ins Deutsche zu übersetzen. Auch daß die Volkssprache das Lateinische ersetzte, war typisch für die Renaissance. Aber Luther war kein Humanist wie Ficino oder Leonardo da Vinci. Einige Humanisten, wie Erasmus von Rotterdam, kritisierten ihn wegen seines ihrer Ansicht nach allzu negativen Menschenbildes. Luther betonte nämlich, daß der Mensch durch den Sündenfall total vernichtet sei. Nur durch Gottes Gnade könne der Mensch ›gerechtfertigt‹ werden, meinte er. Denn der Lohn der Sünde sei der Tod.«

»Das klingt wirklich ein bißchen traurig, ja.«

Jostein Gaarder

Allerheiligen

Allerheiligen wird am 1. November als Gedenktag aller Heiligen begangen, wie der Name des Festes es klar ausdrückt. Nachdem viele Heilige im Laufe des Kirchenjahres ihre besonderen Gedenktage haben, ist dieses ihnen allen gemeinsam gewidmet. Es ist als Hochfest eingestuft. Als Evangelium werden die Seligpreisungen gelesen (Mt 5,1-12a). Zwei weitere neutestamentliche Lesungen für dieses Fest sind Offb 7,2-4.9-14 und 1 Joh 3,1-3.

Da der am 2. November nachfolgende Allerseelentag kein gesetzlicher Feiertag mehr ist, sind kirchliche Handlungen von ihm zu Allerheiligen herübergewandert, so z. B. Gottesdienste oder Andachten auf den Friedhöfen und Gräberbesuch.

Geschichtliches

Nach dem Ende der Christenverfolgungen wurde im Osten ein Gedenktag für die Märtyrer, die als Zeugen des christlichen Glaubens vom römischen Staat umgebracht worden sind, eingeführt. Dies geschah bereits im 4. Jahrhundert zur Zeit des Johannes Chrysostomus in Antiochien. Dieser Gedenktag der Märtyrer wurde am ersten Sonntag nach Pfingsten begangen, offenbar um die Bedeutung der Märtyrer, von denen man sagte, daß ihr Blut der Same der Kirche sei, durch einen Feiertag sofort nach dem Pfingstfest, dem Geburtstag der Kirche, herauszustellen.

In Rom wurde ein Gedenktag der Märtyrer am 13. Mai gefeiert. Der römische Termin ging darauf zurück, daß Kaiser Phokas Papst Bonifaz IV. das Pantheon, den Tempel für die Gesamtheit der Götter, zum Geschenk gemacht hatte. Der Papst weihte das Pantheon am 13. Mai 610 als christliche Kirche und gab ihm den Namen Sancta Maria ad martyres (Heilige Maria zu den Märtyrern), Gedächtniskirche aller Märtyrer.

Das Allerheiligenfest ist die Fortsetzung dieser beiden Gedenktage, deren Ursprung in Antiochien und Rom liegt, unter anderen kirchengeschichtlichen Verhältnissen. Nach dem Ende der staatlichen Verfolgungen war der Märtyrertod nicht mehr das entscheidende Kriterium der Heiligkeit. Heiligsprechungen erfolgten jetzt auch aus anderen Gründen. Aus dem Märtyrerfest wurde ein allgemeines Heiligenfest.

Wie es zur Festlegung auf den 1. November gekommen ist, ist unbekannt.

Im 8. Jahrhundert ist das Fest in England und Irland an diesem Tag begangen worden. Ein Jahrhundert später ist dieser Termin auch auf dem Festland üblich.

Die Heiligen

Die Heiligen in den Kapellen
wollen begraben werden, ganz nackt,
in Särgen aus Kistenholz
und wo niemand sie findet:
in einem Weizenfeld
oder bei einem Apfelbaum
dem sie blühen helfen
als ein Krumen Erde.
Die reichen Gewänder, das Gold und die Perlen,
alle Geschenke der fordernden Geber,
lassen sie in den Sakristeien,
das Los, das verlieren wird, unter dem Sockel.
Sie wollen ihre Schädel und Finger einsammeln
und aus den Glaskästen nehmen
und sie von den Papierrosen ohne Herbst
und den gefaßten Steinen
zu den welken Blumenblättern bringen
und zu den Kieseln am Fluß.

Sie verstehen zu leiden,
das haben sie bewiesen.
Sie haben für einen Augenblick
ihr eigenes Schwergewicht überwunden.

Das Leid trieb sie hoch,
als ihr Herz den Körper verzehrte.
Sie stiegen wie Ballons, federleicht,
und lagen in der Schwebe auf ihrem wehen Atem
als sei er eine Pritsche.
Deshalb lächeln sie jetzt,
wenn sie an Feiertagen
auf schweren geschmückten Podesten
auf den Schultern von achtzig Gläubigen
(denen man das Brot zur Stärkung voranträgt)
in Baumhöhe durch die Straßen ziehn.

Doch sie sind müde
auf den Podesten zu stehn
und uns anzuhören.
Sie sind wund vom Willen zu helfen,
wund, Rammbock vor dem Beter zu sein,
der erschrickt,
wenn das Gebet ihm gewährt wird,
weil Annehmen
so viel schwerer ist als Bitten
und weil jeder die Gabe nur sieht
die auf dem erwarteten Teller gereicht wird.
Weil jeder doch immer von Neuem
in den eigenen Schatten tritt,
der ihn schmerzt.
Sie sehen den unsichtbaren Kreis
um den Ziehbrunnen,
in dem wir uns drehn
wie in einem Gefängnis.
Jeder will den Quell
in dem eigenen Grundstück,
keiner mag in den Wald gehn.
Der Bruder wird nie
das Feuer wie Abel richten
und doch immer gekränkt sein.

Sie sehen uns wieder und wieder
aneinander vorbeigehn
die Minute versäumend.
Wir halten die Augen gesenkt.
Wir hören den Ruf,
aber wir heben sie nicht.
Erst danach.
Es macht müde zu sehn
wie wir uns umdrehn
und weinen.
Immer wieder
uns umdrehn und weinen.
Und die Bitten zu hören
um das gestern Gewährte.
Nachts wenn wir nicht schlafen können
in den Betten, in die wir uns legen.
Sie sind müde
Vikare des Unmöglichen auf Erden
zu sein, des gestern Möglichen.
Sie möchten Brennholz
in einem Herdfeuer sein
und die Milch der Kinder wärmen
wie der silberne Stamm einer Ulme.

Sie sind müde, aber sie bleiben,
der Kinder wegen.
Sie behalten den goldenen Reif auf dem Kopf,
den goldenen Reif,
der wichtiger ist als die Milch.
Denn wir essen Brot,
aber wir leben von Glanz.
Wenn die Lichter angehn
vor dem Gold,
zerlaufen die Herzen der Kinder
und beginnen zu leuchten
vor den Altären.

Und darum gehen sie nicht:
damit es eine Tür gibt,
eine schwere Tür
für Kinderhände,
hinter der das Wunder
angefaßt werden kann.

Hilde Domin

Allerseelen

Der Allerseelentag ist dem Gedächtnis aller Verstorbenen gewidmet. Er wird mit Gebeten und Fürbitten und mit der Feier der Eucharistie in der römisch-katholischen Kirche begangen. Der Gedanke an den eigenen Tod (›memento mori‹) ist dabei auch ein zentrales Motiv. Die wohl in jedem Menschen vorhandene Angst vor der eigenen Vergänglichkeit, vor Fegefeuer oder Hölle nach dem Tod findet hier ebenso ihren Ausdruck wie die christliche Auferstehungshoffnung. Die große Bedeutung dieses Themas spiegelt sich in einem reichen Allerseelenbrauchtum, das dasjenige des benachbarten Allerheiligenfestes in den Hintergrund treten ließ.

Geschichtliches

Abt Odilo von Cluny hat den Allerseelentag im Jahre 994 in seinem Kloster eingeführt. Odilo, der über ein halbes Jahrhundert dieses berühmte Kloster als Abt leitete, verschaffte seinem Kloster außerordentlich großen Einfluß. Seine Reformen strahlten weit aus. So hat Papst Silvester II. 998 das Begehen des Allerseelentages allgemein für die ganze Kirche empfohlen.
Den im Mittelalter herrschenden theologischen Überzeugungen entsprechend war das Geschick der Verstorbenen im Fegefeuer eine wichtige Frage und Besorgnis der Christen. Deswegen galt der Allerseelentag nicht nur der Erinnerung an die Verstorbenen, sondern der Fürbitte für sie. Bildliche Darstellungen ihrer Qualen im Fege-

feuer standen beängstigend vor Augen. Das Mitleid und der Wunsch, den »armen Seelen« in ihrer Not zu helfen, war stark und eng mit dem Feiertag verbunden.
1311 erscheint der Allerseelenfeiertag im römischen Kalendarium, ist also fester Bestandteil des kirchlichen Festkreises.

Brauchtum

Dem Totengedenken gewidmete Predigt und Fürbitten für die Entschlafenen prägen die kirchliche Feier. Im Zentrum steht die Feier der Eucharistie zum Gedächtnis der Verstorbenen, das sogenannte Requiem (abgeleitet von den lat. Einführungsworten »Requiem aeternam dona eis domine«, d. h. »ewige Ruhe gib ihnen, o Herr«), das auch Bestandteil des kirchlichen Bestattungsrituals ist. Seit dem 15. Jahrhundert gibt es davon eindrucksvolle Vertonungen.
Der Gräberbesuch auf den Friedhöfen gehört eigentlich zu diesem Tag, beginnt aber bereits mit dem Abend des Allerheiligentages. Es werden die Gräber geschmückt, mit geweihtem Wasser besprengt, in der Regel auch mit Lichtern zum Zeichen der Hoffnung des ewigen Lebens durch Jesus Christus versehen. In den Gebeten zum Gräberbesuch heißt es: »Der Tod ist das Tor zum Leben geworden – für unsere Verstorbenen und für uns selbst durch Christus, unsern Herrn«.
Als Bibeltexte sollen auf dem Friedhof gelesen werden: Röm 14,7-9.10b-12, Joh 11,25-27 und Offb 21,3-5a.
Vorchristliches Brauchtum ist zu vermuten in dem Brotspendewesen für die Verstorbenen. In ihm kommt der Wunsch der Lebenden zum Ausdruck, den verstorbenen Angehörigen im Totenreich zu helfen. Als ein eigenartiger Brauch ist aus Tirol bekannt, daß unter einem Seelenlicht »Allerheiligenküchel« für die armen Seelen ausgelegt wurden.
Die natürlichen Schwierigkeiten, die diesem Wunsch entgegenstehen, führten dazu, daß das Brotspendewesen im Dasein der Lebenden als Brauchtum Bedeutung gewann. So war es Familienbrauch, daß die Kinder von ihren Paten »Seelenwecken« oder »Seelenzöpfe«

zum Geschenk bekamen. Sie konnten auch solche Gaben mit Heischesprüchen von Haus zu Haus sammeln. Zum Gedenken an einen bestimmten Toten werden auch eigene Gottesdienste gefeiert, sog. »Seelenämter«. Sie sind nicht nur am Allerseelentag möglich; vor allem üblich sind das Sechswochenamt und das Jahresgedächtnis.

Das Friedensreich der Toten

In der Nacht, gegen Morgen, breitete sich der Nebel über den Mond; die Blätter rieseln wie Regen von den Zweigen, fremde Vogelstimmen, denen das Dämmer lieber ist als der Tag, rufen, als wollten sie von vergessenen Gräbern sagen, und verstummen dann bald. Denn das Licht kommt nun doch und verteilt sich durch den Dunst über das Tal: lange braucht es, bis die gelben Wipfel der Pappeln sich durchgekämpft haben und zu leuchten beginnen, noch länger, bis das Licht in den Garten hinter dem Hause fällt, wo die Häher wie blaue Blitze hingleiten unter den Edelkastanien über dem gefallenen Laub und dann und wann ein traumhafter grüngoldener Schimmer vom Gefieder des Spechtes den Stämmen folgt. Aber der Himmel verdunkelt sich wieder, und die Gedanken ziehen, wie so oft jetzt, in die Kindheit zurück. Diese Tage, da die Vollendeten die Toten grüßen, sind wohl die schönsten des Jahres gewesen; der Park breitete sich zwischen das Leben und die Welt, und der große Friede der Toten strahlte herein und war stärker als die Schwermut früher Jahre. Ein Bogen des Friedens spannt sich von jenen Tagen her über ein ganzes Dasein und unsägliches Geschehen bis zu diesem Tag; es ist, als sei das Gebirge überschritten mit den Felsenschluchten seines Grauens; Land leuchtet herauf, kein irdisches mehr, aber erfüllt von den sich entschleiernden Verheißungen der Erde. Das Friedensreich der Toten ist in diesen Tagen in der Übermacht, und die Kerzen, die ihnen brennen, sind von höherer Leuchtkraft als der Sonnenglanz des Jahres.

Reinhold Schneider

Sankt Martin (11. November)

Martin von Tours ist einer der populärsten Heiligen in der katholischen Kirche und darüber hinaus. Er wurde um 316/17 in Sabaria (heute Szombathely) in Ungarn als Sohn eines römischen Offiziers geboren. Als Fünfzehnjähriger wurde er zum Heeresdienst in der kaiserlichen Reiterei eingezogen; mit 18 Jahren ließ er sich taufen. Nach dem Ausscheiden aus dem Militärdienst wurde er Schüler eines bedeutenden Theologen jener Zeit, des Hilarius von Poitiers, der wegen seines Widerstandes gegen die arianische Theologie für mehrere Jahre in die Verbannung mußte. Nach dessen Rückkehr gründete Martin 361 in Ligugé das erste Kloster Galliens. 371 wurde er zum Bischof von Tours gewählt. 375 gründete er in der Nähe der Stadt das Kloster Marmoutier. Am 8. November 397 starb er in Candes auf einer bischöflichen Seelsorgereise. Über Martins Grab in Tours wurde später eine Basilika errichtet.

Der Frankenkönig Chlodwig erwählte Martin zum Schutzheiligen seines Volkes; sein Mantel stellte eine fränkische Reichsreliquie dar. Sein Grab wurde zum Ziel vieler Wallfahrten und Pilgerreisen.

Die Martinslegende

In der heute verbreitetsten Form der Legende wird erzählt, daß Martin an einem Winterabend noch als Soldat in eine Stadt geritten kam. Am Stadttor sah er einen Mann sitzen, der nichts weiter anhatte als ein paar Lumpen, und der deswegen bitterlich fror. Der Bettler streckt Martin die Hände hin, um eine Gabe von ihm in Empfang zu nehmen.

Martin suchte in seinem Geldbeutel, fand aber darin keine Münze, die er dem Armen hätte geben können. Er sah, daß der frierende Mann eigentlich etwas anderes brauchte jetzt als Geld, nämlich ein wärmendes Kleidungsstück. Er nahm seinen Mantel von der Schulter, teilte ihn mit seinem Schwert in zwei Hälften und legte eine davon dem Bettler um die Schultern.

In der Nacht hatte Martin einen Traum. Er sah den Bettler, dem er am Abend am Stadttor begegnet war. Der Arme sagte zu ihm: »Ich war nackt, und du hast mich bekleidet; was du einem meiner geringsten Brüder getan hast, das hast du mir getan.« Martin erkannte, daß in diesem frierenden Bettler ihm Jesus Christus selbst begegnet war.

In der großen mittelalterlichen Legendensammlung aus dem 13. Jahrhundert, der Legenda aurea des Jacobus des Voragine, findet sich folgende Version:

»Er war auch von großer Mildigkeit wider die Armen. Davon liest man in dem vorgenannten Dialog, daß er einst an einem Feste zur Kirche ging; da ging ihm ein Armer nach, der war nackt; da gebot Martinus seinem Archidiacon, daß er den Dürftigen kleide. Und da er es nicht alsbald tat, ging Martinus selber in die Sacristei, und gab ihm seinen Rock und hieß ihn fortgehen. Nun mahnte der Archidiacon Martinum, daß er ginge Messe halten. Antwortete Sanct Martin, er könne nicht gehen, ehe denn der Arme einen Rock habe; damit meinte er sich selber. Der Archidiacon sah ihn äußerlich mit seiner Kutte bekleidet und wußte nicht, daß er darunter nackend war; darum sprach er, es sein kein Armer da. Antwortete Martinus »Man bringe mir einen Rock, und es wird kein Armer mehr eines Gewandes dürftig sein«. Damit zwang er den Archidiacon, daß er auf den Markt ging und kaufte ein arm kurz Gewand um fünf Silberlinge, das heißt man Paenula, das spricht: paene nulla, soviel als keines (fast nichts); das nahm er, und warf es Sanct Martin in Zornesmut vor die Füße. Also ging der Heilige in einen Winkel und zog den Rock an: da gingen ihm die Ärmel bis an die Ellenbogen und unten ging ihm der Rock bis an die Knie. Also ging er, Messe zu halten. Aber dieweil er die Messe las, erschien eine feurige Kugel über seinem Haupt, die ward von vielen gesehen. Davon ward gesagt, daß er gleich sei den Aposteln. Zu dem Wunder schreibt Meister Johannes Beleth, ›Da er bei der Messe, als es Gewohnheit ist, die Hände zu Gott aufhob, da fielen ihm die linnenen Ärmel nieder, denn seine Arme waren nicht dick und fleischig, und der besagte Rock ging nur bis zu den Ellenbogen; also blieben seine Arme nackt. Da brachten Engel goldene Ketten, geziert mit Edelsteinen, und deckten damit seine Arme gar ehrlich‹; Einst sah er ein geschoren Schäflein; da sprach er ›Dies hat das Gebot des Evangelii erfüllt: es hatte zween Röcke, und hat davon einen dem gegeben, der keinen hatte; gehet hin und tuet desgleichen‹«.

Brauchtum

In unserer Zeit sind Lampionumzüge, kleine Lichterprozessionen der Kinder, und das Singen von Martins-Liedern ein beliebter Brauch vor allem für kleinere Kinder geworden.
Im Buch der Segnungen (Benediktionale) findet sich eine Liturgie für »Kinder- und Lichtersegnung am Martinsfest«. Gelesen wird dazu aus Lk 3,8-11, wo Johannes der Täufer sagt: »Wer zwei Gewänder hat, der gebe eines davon dem, der keines hat«. Diese Stelle wird als Anspielung auf die berühmteste Legendenerinnerung an Martin genommen: das Teilen seines Mantels mit einem frierenden Bettler.
Nach dem Martinstag begann in alter Zeit die ursprünglich sechswöchige Buß- und Fastenzeit des Advent. Dieser Tag wurde deswegen noch einmal vergnügt und mit gutem Essen zugebracht – auf Kosten der Martinsgänse.
Martin Luther, am 10. November 1483 geboren, wurde einen Tag später, also am Martinstag, getauft und deswegen auch Martin genannt.
Ehe die geheiligte Fastenzeit begann, war Martini gerade noch der rechte Zeitpunkt, weltliche Geschäfte wie Verträge und fällige Abgaben in Ordnung zu bringen. Auch war der Tag ein geschätzter Markttag. Seit dem 19. Jahrhundert wird am 11.11. die Karnevals- bzw. Faschingszeit eingeläutet.

Sankt Martin und der Bettler
Zu einer Plastik von Gerhard Marcks

Nicht Pferd, nicht Mantel. Nur dies karge Tuch.
Und dieser Hände nur und dieses Blicks
Verwandelnde Gewalt: wer gibt, wer nimmt?

Glück wohl: des Nehmens Glück. Und größer noch
Des Gebers Glück: dies, daß der Nehmer nahm.
Die Wunde freilich – ach, die Wunde WELT.
Doch siehe, welch ein Licht rings des Vertrauens.
Zwiefache Armut nun.
Und keine Armut.

Albrecht Goes

Buß- und Bettag

Der in der evangelischen Kirche beheimatete Buß- und Bettag ist im Jahre 1995 durch staatlichen Beschluß als gesetzlicher Feiertag abgeschafft worden. Die politische Absicht war dabei, die an diesem Tag erwirtschafteten Geldmittel zur Finanzierung der Pflegeversicherung zur Verfügung zu stellen.
Damit ist der Buß- und Bettag als kirchlicher Feiertag nicht aufgehoben, aber er ist zu einem normalen Werktag geworden. Die bisher zur gewöhnlichen Vormittagszeit gehaltenen Gottesdienste können von berufstätigen Gemeindegliedern nicht mehr besucht werden. Viele Gemeinden sind deswegen dazu übergegangen, den Buß- und Bettag jetzt mit abendlichen Gottesdiensten zu begehen.
Der Termin dieses Feiertages ist der Mittwoch vor dem letzten Sonntag des Kirchenjahres. Die biblischen Texte für die Bußtagspredigten sind Lk 13,1-9; Röm 2,1-11; Mt 12,31-37; Offb 3,14-22; Lk 13,22-30 und Jes 1,10-17.
Am Buß- und Bettag endet die Ökumenische Friedensdekade, die am drittletzten Sonntag des Kirchenjahres beginnt und den darauf folgenden Volkstrauertag einschließt. Sie steht im Zusammenhang mit dem »Konziliaren Prozeß für Frieden, Gerechtigkeit und Bewahrung der Schöpfung«, einem großangelegten Projekt des Ökumenischen Rates der Kirchen. Dadurch hat in vielen Gemeinden der Buß- und Bettag eine ökumenische Dimension und eine inhaltliche Profilierung auf konkrete Probleme der Gegenwart bekommen.

Der heute übliche Buß- und Bettag hat eine relativ kurze Geschichte. Er kam 1892 auf Initiative der preußischen Generalsynode zustande, die einen einheitlichen Bußtagstermin für ganz Deutschland anstrebte, vermutlich getragen von dem Wunsch, nach der Reichsgründung von 1871 möglichst viel Einheitlichkeit herzustellen. Mit wenigen Ausnahmen in Süddeutschland schlossen sich alle Landeskirchen dem preußischen Vorschlag an.
Das Begehen von Bußritualen, um eingetretenes oder drohendes Unheil abzuwenden, ist in vielen Religionen seit langem verbreitet. In der christlichen Kirche, in der Zeit des Staatskirchentums, ist die Anordnung von Bußtagen immer auch ein Politikum gewesen, gewöhnlich in schweren Kriegszeiten oder anderen Katastrophensituationen.
Der Reformation hat diese Tradition fortgesetzt. Der Rat der Stadt Straßburg hat im Jahre 1532 den ersten Bußtag angeordnet. Diese Bußtage waren nicht an feste, jährlich wiederkehrende Termine gebunden, sondern wurden ausgerufen, wann immer die Situation es erforderte. Die Entwicklung ging aber dahin, daß im Laufe des 17. Jahrhunderts aus diesen spontanen Bußtagen auf bestimmte Termine festgelegte Einrichtungen geworden sind.
Der Vielzahl der deutschen Territorien entsprechend entstand auch eine Vielzahl entsprechender Bußtagstermine. Diesen Zustand beendete die erwähnte preußische Generalsynode von 1892. Zweifellos hat diese Entwicklung dazu geführt, daß die Bußtage weithin zu einem leblosen und abstrakten Geschehen geworden waren, weil der Bezug zum aktuellen Geschehen aufgegeben war. Diesem Nachteil versuchte man abzuhelfen, indem man in den Predigten nicht nur zu individueller Bußgesinnung aufrief, sondern auch die gesellschaftlichen Übelstände und Sünden anprangerte.

Aus: Kindheitsmuster

»Was ist jetzt auf einmal los, sagte Lenka. Könnte mir vielleicht einer sagen, wovon ihr redet?
Wir reden davon, sagtest du, immer noch in pikiertem Ton, daß es noch andere Wahrheiten gibt als: Zwei mal zwei ist vier. Und ich frage mich, warum man diese Wahrheiten so spät erkennt und warum es so schwierig ist, über sie zu sprechen.
Ach so, sagte Lenka. Danach habe ich aber nicht gefragt. Ich wollte ja bloß wissen: Glaubt ihr, daß ein Mensch sich von Grund auf ändern kann? ...
Lenka bekam keine Antwort auf ihre Frage, sie bestand auch nicht darauf. Einer der Fälle, da du wegen Befangenheit das Thema, das sie anschlug, nicht verstandest. Die Gedankenreihe, die dir durch den Kopf ging, hätte ihr nichts genutzt: Sich von Grund auf ändern. Ein ›neuer Mensch‹ werden. Filme, in denen ihr den ›neuen Menschen‹ beklommen agieren saht. Dies sollte er sein? Der neue Mensch als eine Vision, der nachzustreben so hoffnungslos wie unerläßlich ist. Die neue Schicht von Ängsten, die sich über die alte legt: Wieder scheint es vorherbestimmt, daß ihr versagen müßt. Die Älteren, die die Achseln zucken: Wie empfindlich, wie schwächlich diese Generation ist ...
Lenka blieb allein mit den Zweifeln an ihrer Person.«

Christa Wolf

Letzter Sonntag des Kirchenjahres

Der letzte Sonntag des Kirchenjahres wird in der *evangelischen* Kirche Ewigkeitssonntag genannt. Der Blick richtet sich am Ende eines Festzyklus über die Zeitlichkeit hinaus auf das Unvergängliche. Verknüpft damit ist als besonderes Anliegen das Gedenken an die Toten. Darum wird dieser Sonntag volkstümlich Totensonntag genannt oder Gedenktag der Entschlafenen.
In den Gottesdiensten wird in der Regel der verstorbenen Gemein-

deglieder gedacht, ihre Namen werden genannt, sie und ihre Angehörigen werden in das Gebet der Gemeinde eingeschlossen.
Die *katholische* Kirche begeht diesen Sonntag als Christkönigssonntag. Offiziell heißt er »Hochfest unseres Herrn Jesus Christus, des Königs des Weltalls«. Dieser Sonntag greift damit das Thema des Himmelfahrtstages noch einmal auf und stellt es als Zielpunkt eines Weges dar, der mit der Feier der Geburt des Christus, mit dem Blick auf seine Menschwerdung und Kindsein beginnt. So erfährt das Kirchenjahr in seiner Hauptlinie, den Christus-Festen, seine Ganzheit und Vollendung.

Geschichtliches

Sowohl die evangelische Deutung und Gestaltung als Ewigkeitssonnntag bzw. Totensonntag als auch die katholische Feier als Christkönigssonntag haben keine lange Tradition.
Der preußische König Friedrich Wilhelm III. ist es gewesen, der 1816 nach den Befreiungskriegen einen Gedenktag für die Gefallenen anordnete. Der letzte Sonntag des Kirchenjahres hatte also zunächst die Bedeutung des heutigen »Volkstrauertag*« (im Nationalsozialismus sogenannter »Heldengedenktag«). Bald kam es jedoch dazu, daß er nicht nur zum Gedenken an die gefallenen Soldaten, sondern aller Verstorbenen begangen wurde.
Auf katholischer Seite war Papst Pius XI. derjenige, der 1925 anläßlich der Jubiläumsfeier des bedeutenden Konzils von Nicäa (325 n. Chr.) das Christkönigsfest einsetzte. Zunächst wurde es unmittelbar vor Allerheiligen am letzten Sonntag im Oktober gefeiert. Im Zuge der Kalenderreform wurde es schließlich zum Abschluß des Kirchenjahres.

* Der Volkstrauertag ist kein christliches Fest, sondern wurde 1920 vom »Volksbund deutsche Kriegsgräberfürsorge« als nationaler Gedenktag für die Toten des Ersten Weltkrieges angeregt. Seit 1952 ist er am vorletzten Sonntag des Kirchenjahrs in Deutschland Gedenktag für die Opfer der letzten beiden Weltkriege und des Nationalsozialismus.

Auf Erden Gast sein

Auf Erden Gast sein, rundherum,
das ist ein beschwerlicher Stand.
Die Erde hält den Buckel hin:
Hier ist das verheißene Land.
Wer hat Quartier? Wer braucht noch eins?
Wer hat Essen? Wer hat keins?
Im Namen Gottes gastlich sein,
wie kommt das in Betracht?
Wer kann das schon? Wer lernt das nicht?
Es ist noch nicht vollbracht.

Auf Erden frei sein, rundherum,
das ist ein beschwerlicher Stand.
Die Freiheit hält den Buckel hin:
Hier ist das verheißene Land.
Wer hat ein Ziel? Wer sucht noch eins?
Wer kennt das Spiel? Und wer kann keins?
Im Namen Gottes frei zu sein,
wie kommt das in Betracht?
Wer kann das schon? Wer lernt das noch?
Es ist noch nicht vollbracht.

Auf Erden froh sein, rundherum,
das ist ein beschwerlicher Stand.
Der Frieden hält den Buckel hin:
Hier ist das verheißene Land.
Wer liebt genug? Und wer liebt nicht?
Wer hat Geduld? Wer duldet nicht?
Im Namen Gottes fröhlich sein,
wie kommt das in Betracht?
Wer kann das schon? Wer lernt das noch?
Es ist noch nicht vollbracht.

Arnim Juhre

Sach- und Namenregister

Sachregister

Namenregister

Quellenverzeichnis

S. 18: Luise Rinser, aus: Kriegsspielzeug. © S. Fischer Verlag GmbH, Frankfurt am Main 1978.

S. 20: aus: Hans Carossa, Sämtliche Werke, Band 1. © Insel Verlag, Frankfurt am Main.

S. 33: aus: Hermann Hesse, Die Kunst des Müßiggangs. © Suhrkamp Verlag, Frankfurt am Main.

S. 47: aus: Josef Weinheber, O Mensch, gib acht. © 1988 by Verlag Niederösterreichisches Pressehaus, St. Pölten – Wien.

S. 59: Marie Luise-Kaschnitz, aus: Überallnie. © Claasen Verlag, Düsseldorf 1971.

S. 83: Rechte beim Verfasser.

S. 97: aus: Ernst Jünger, Sämtliche Werke. Band 8: Essays II: Der Arbeiter. Klett-Cotta, Stuttgart 1981.

S. 108: aus: Jostein Gaarder, Sofies Welt. © Carl Hanser Verlag, München Wien.

S. 111: aus: Hilde Domin, Gesammelte Gedichte. © S. Fischer Verlag GmbH, Frankfurt am Main 1987.

S. 116: aus: Reinhold Schneider, Gesammelte Werke, Band 9. © Insel Verlag, Frankfurt am Main.

S. 119: aus: Albrecht Goes, Lichtschatten du. Gedichte aus fünfzig Jahren. © S. Fischer Verlag GmbH, Frankfurt am Main 1978.

S. 122: aus: Christa Wolf, Kindheitsmuster. ©1994 Luchterhand Literaturverlag, Hamburg, jetzt München.

S. 124: aus: Arnim Juhre, Singen auf bewegter Erde, Psalmen und Lieder. Stuttgart 1990. Rechte beim Verfasser.